海が消えた

陸前高田と東日本大震災

——宮沢賢治と大船渡線

佐藤竜一

ハーベスト社

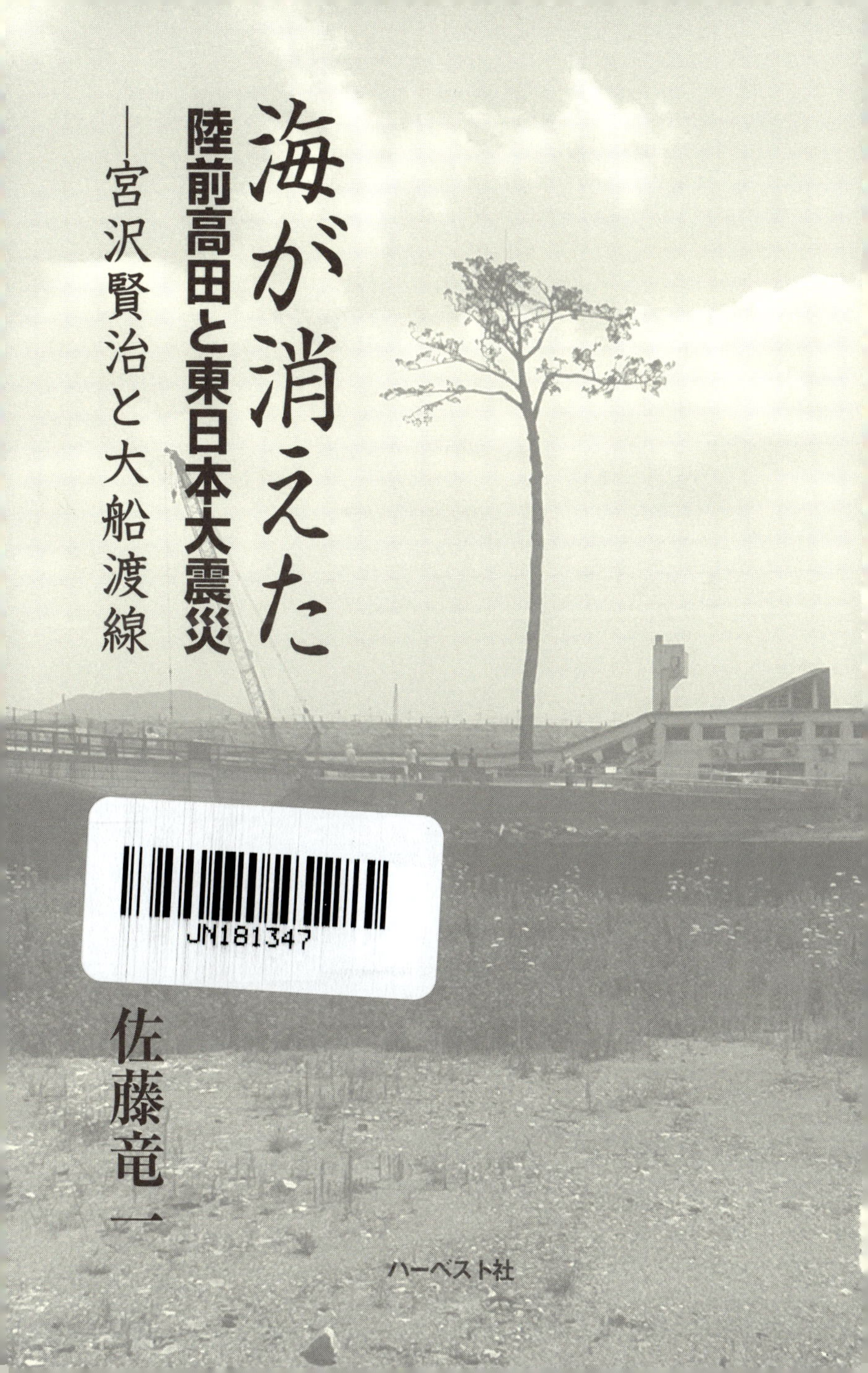

目次

はじめに

二〇一一年八月二十八日午後四時――。陸前高田市立高田小学校の校庭には、にわかに活気が満ち溢れて来た。

中央に設置された野外ステージの周辺は集まって来た人々の熱気に包まれ、やがて登場した小柳ルミ子を万雷の拍手で迎えた。

どこからこんなに人が集まって来たのだろう。そう思えるほどに人々が膨張しつづけた中で、小柳ルミ子のスペシャルライブが始まった。

高田小学校は私の母校だ。海岸線から二キロ以上離れた高台にあるが、二〇一一年三月十一日に起こった東日本大震災により周辺の建物は損壊し、校庭は津波で流されて来たがれきでおおわれた。児童の家庭の多くが被災し、転出者が相次いだ。児童数三三〇人余り。陸前高田市では最も規模の大きい小学校なのだが、その半数近くが仮設住宅で暮らしている。

この高台にまで津波が押し寄せて来たのかと思うと、愕然とする。高田小学校に通じる道を少し下れば、更地になった市街地が砂漠のように広がっている。

実際、一月ほど前に震災後初めて、大阪からやって来た友人のジャーナリストふたりと陸前高田を訪れた時は、その光景を唖然として見入るだけだった。住んでいた人々の暮らしのにおいを容赦なく奪った津波の恐ろしさを実感した。

小柳のステージは「お久しぶりね」で始まり、「私の城下町」「今さらジロー」と続けて歌いながら、ステージの下まで降り、人々との握手を始めた。十八歳でデビュー、来年は還暦を迎えるだけあって、小柳は巧みな話術で人々をたちまち魅了した。大震災以来、不自由な生活を続け、娯楽に飢えていた人々はテレビでしか見ることのできなかったスター歌手と間近に接することのできた喜びに浸っていた。

歌の合間に小柳は語った。一関から車で陸前高田に入り、津波で壊滅的になった市街地をこの目で見て涙を流したこと。母親が秋田の出身で、東北には親近感を抱いてきたこと——。

感極まった小柳は歌を続けられなくなった。

確かに、街が根こそぎなくなり、更地が延々と続くこの光景を見れば、涙もろいといわれる小柳でなくても絶句し、涙するに違いない。

それでも、やっとここまで来たのだ。壊滅的な被害を受けた陸前高田を元気にしようと八月二十七・二十八日の両日、陸前高田復興街づくりイベント「街おこし　夢おこし」が高田小学校で開催されると聞き、再び陸前高田に駆け付けた私だった。

働く喜びを再度感じてほしいという呼びかけに地元の店や全国各地からの出店が相次いで、百店近い店が軒を連ねた。主催者発表では、二日間で一万七千人余りが会場に集まったという。復興への道が容易ではなくても、こうして集まることで元気を共有できる。

このイベントでは大震災以前の陸前高田商店街が再現され、復興への意欲が高い地元の店が出店していた。

私は三千円の入場券を買って、会場に入った。入場券には二千円の地域通貨券がついていた。私はその券を使い、やぶ屋で冷やしたぬきそばを食べ、御菓子司の木村屋でせんべいを買った。神田葡萄園のサイダーを飲み、足りなくなったのでさらに地域通貨券二千円を買い求めた。

ヤマニ醤油、文具の山十、高田活版、八木澤商店――。名前に覚えのある店が軒を連ねていた。そうした店を見て歩いた後に、イベントのフィナーレを飾る小柳ルミ子のライブを聞くことにしたのだ。

小柳は涙を流し、新曲「やさしくして」を歌った後、最後に代表曲「瀬戸の花嫁」を歌った。途中また歌えなくなったが、何とか歌い切った。

アンコールの声が起こったが、小柳が再びステージに出てくることはなかった。

小柳にしてみれば、精一杯だったに違いない。わずか四〇分程度のミニライブだったが、充実した時間が過ごせた。私は熱気が残る中を歩き、一関へのバスが出る駐車場へと急いだ。

小柳ルミ子が「私の城下町」で華々しく芸能界にデビューした頃、私は陸前高田で中学生活を送っていた。第一中学校の同級生と小柳や天地真理、南沙織、同学年の森昌子、桜田淳子、山口百恵の歌を一緒に歌ったことが思い出された。私がいたクラスでは、朝のホームルームの時間に歌を歌うことになっていて、選曲は生徒のリクエストで決まった。当時はやった歌謡曲を歌うのが常だった。

その頃は芸能雑誌が花盛りで『明星』や『平凡』を回し読みしながら、皆で一緒に歌を歌った。秋には八〇〇メートル弱の氷上山に登ったが、そのときも皆で歌謡曲を歌いながら、山登りをした。

そんな他愛ないけれど、幸福な時間を共に過ごした中学校の同級生にも、東日本大震災は容赦なく襲い掛かった。陸前高田市の死者・行方不明者は約一八〇〇人にも上った。

第一中学校の一九〇人余りの同級生のうち、六人が命を落としたという。大震災で家を失い、家族を失い、職を失って苦しんでいる人々がたくさんいる。

それでも、復興イベントに参加して、もう一度立ち上がろうという陸前高田の人々の息吹に触れられたのはうれしかった。

このイベントに参加して以来、私は少しずつ取材を重ねて来た。大震災から四年半以上経過したが、故郷陸前高田ではいっこうに復興の兆しが見えない。マスコミで大震災が取り上げられることも最近では明らかに減って来た。

本書は、陸前高田を舞台にした東日本大震災に関する私なりの経過報告である。

第一章　高田松原と奇跡の一本松

奇跡の一本松との出会い

東日本大震災後、陸前高田を全国的に有名にしたのは高田松原周辺で唯一残った、奇跡の一本松だった。

私が初めて間近にその姿を見たのは、二〇一一年十一月二十七日、大震災発生から八か月以上が経過していた。私が一ノ関駅からJR大船渡線に乗り、気仙沼駅で下車すると、鷺悦太郎が迎えに来ていた。鷺は第一中学校の同級生で、絵を教えて生計を立てている。

本来大船渡線は大船渡市にある盛駅まで運行していたが、大震災による津波で海岸寄りの駅が壊滅的な打撃を受け、復旧のめどが立っていない。

鷺の車に乗り込んで、陸前高田へと向かう。気仙沼の通りにはほとんど人が歩いていない。建物の損傷もあまりないように思える。

「あまり、震災の影響がないみたいだけど」、私がそう口にすると、鷺は「ここは高台になっているからな」といって、車のスピードを上げた。

果たして五分くらい走ると、次々に大震災の惨状が目に入ってきた。鹿折唐桑駅の近くだが、駅舎は跡形もなくなっている。

奇跡の一本松周辺（2015年7月）

まもなく、大きな船が陸地に放置されたままになっている姿は目に入って来た。いわき市の人が所有するという第十八共徳丸だ。この巨大な船は気仙沼湾にあったが、津波で五〇〇メートル近く陸地に流され、そのままになっていた。周辺の建物の損壊もひどい。大震災から時間が止まったままま、という印象を受ける（第十八共徳丸は後に撤去された）。

「この辺は火事で市街地が根こそぎやられたんだ」、鷺がつぶやいた。地震や津波に加え、気仙沼は火事で市街地が損壊したのだ。

高田松原にたどり着き、車を降りた。がれきが山のようになっていて、そんな光景がずっと続いていた。

かつて夏には、年間百万人以上もの人々が観光客としてやって来た。昭和二年には、日本百景のひとつに選ばれた。岩手を代表する海水浴場として知られていた。そんな陸前高田にゆかりのある人にとって、心の故里ともいえる高田松原が失われた。海が消えた、のだ。

高田松原の美しい風景が完全に失われた。そのことを殺伐としたがれきの山を見ると、思い知らされた。

一本松に近づくと、すでに十人くらいの人々が周りにいて、カメラにその姿を収めていた。中にはタクシーを乗りつけて来た人もいた。全国的に有名になったが、付近には土産店もなく、自動販売機もない。一本松の根元には、誰が置いたのか地蔵が置かれていた。

高田松原にはおよそ、七万本の松が植えられていた。その中で唯一残ったのがこの松だ。被災者に勇気を与える希望の象徴として、有名になったが、衰弱が著しい。そのことを感じた人が地蔵を置いたに違いない。

高田松原はおよそ二キロメートル続く砂浜だが、一本松は私がかつて住んでいた高田町ではなく、気

ありし日の高田松原（前列中央が筆者、1967 年頃）

仙町の側にあった。

幹はそれほど太くなく、ひょろ長かった。松のてっぺん近くの枝には鳥が一羽休んでいた。高田松原をねぐらにしていた鳥たちは、どこに行ったのだろうか。一瞬、そんなことを考えた。

すぐ近くには、二階建てのユースホステルがあった。頑丈な建物で、一本松が残れたのはこのユースホステルが防波堤の役割を果たしたためという。

松の高さが約三〇メートルあったことも幸いした。高田松原の松は二〇メートルくらいのものが多く、枝にがれきが引っかかり、なぎ倒されるケースが多かったのだという。

私が間近に見た時、すでに一本松は力尽きようとしていた。保護に取り組んできた東京の財団法人日本緑化センターは「打つ手がない」と保護断念の発表を行っていた。

地盤沈下で一本松が地下水につかったため、根に活性剤がまかれた。さらに、地下水をポンプでくみ上げる作業をしたが、それも中止されていた。

それでも、「高田松原を守る会」（鈴木善久会長）は希望を捨てていなかった。盛岡市近郊にある独立行政法人森林総合研究所・材木育種センターと協力して、一本松の穂を接ぎ木してクローン苗を育てている。

ユースホステルはやっと建物として残っている状態で、もちろん閉鎖されていた。かつてこの周辺は第一堤防と第二堤防の間にあったはずだが、堤防をはるかに超える二〇メートルもの津波が押し寄せたとあっては、堤防はひとたまりもなかった。

高田松原は昭和三十五（一九六〇）年のチリ地震津波の際も被害に見舞われている。当時高田松原には約三メートルの堤防があったが、高田松原の東半分は海抜一・三六メートルに過ぎず、松林の密度が低く、防潮林の機能を果たさなかったため、津波が市街地の低地部を襲った。

その教訓もあり、第一堤防、第二堤防が高さ五・五メートルで築かれた。黒松の植林も進められ、約七万本の松が防潮林の役割を果たしてきたのである。

その防備が今回の大震災では役に立たなかった。

高田町に向かい、海に近づいてみた。第一堤防と第二堤防の間に植えられていた松林は消え去り、枯れ果てた松の残骸が一面に広がっていた。

海に目をやると、第一堤防の残骸が残っていた。その上を波が押し寄せていた。寄せては返し、寄せては返しを繰り返していた。

あの第一堤防の向こう側に砂浜があって、毎年多くの観光客が海水浴を楽しんでいた。そのことが信じられなかった。

自然の猛威は美しい砂浜を豹変させ、人びとの懐かしい思い出までも海のかなたに押しやってしまった。現在はかつてより数十メートル海岸線が陸地を浸食し、一メートル五〇センチも地盤が沈下した。実際歩いてみたが、足が地面にすくわれそうになる。とても歩きにくい。

その後、高田松原には高さ二・五メートルの仮設防潮堤が完成し、工事で砂浜を歩けなくなった。県の復興計画では海岸線に沿って高さ三メートルの防潮堤をつくり、そこからさらに一〇〇メートル内陸側に大震災前の二倍以上の高さ、一二・五メートルの防潮堤が築かれることになっている。将来の津波に備えようという計画である。

菅野杢之助と高田松原

陸前高田の人々はこれまでもたびたび、津波に苦しんできた。高田松原に七万本の松が植えられるようになったのも、津波への予防からだった。『全国の伝承　江戸時代　人づくり風土記　聞書きによる知恵シリーズ（3）ふるさとの人と知恵　岩手』の記述を基に、その歩みを紹介する。

かつて、高田松原は立神浜と呼ばれていた。元々、海に接している上に地盤が弱く、植物が育たなかった。

そのために、潮風により絶えず砂塵が吹き上げられ、周辺の土地では作物の収穫ができないありさまだった。

村ではたびたび、防風や防波の策を講じたが、いずれも失敗した。

そんな中、菅野杢之助《もくのすけ》という人物が救世主として登場する。杢之助の本姓は平賀。父の名は木工《もく》といい、大坂の浪人だった。事情があって木工は元和三（一六一七）年正月、気仙郡高田村に住むことになった。

やがて木工は町人菅野五郎の娘をめとった。その間に生まれたのが杢之助である。

木工の後を継いだ杢之助は姓を菅野と改め、農民となった。そのかたわら、屋号を平賀屋として家業に励んだ。

父の木工が大坂にいた縁で、大坂商人と交易した。商売はうまくゆき、数年後には商船を持つ豪商になったと伝えられる。

財力を得た杢之助は、立神浜を何とかしたいと思った。海岸の周辺は作物が育たず、潮風に悩まされていた。

杢之助は松を植えることを思いつき、藩に願い出た。

江戸時代、陸前高田周辺は仙台藩の領地だった。仙台藩は伊達藩ともいい、陸奥宮城郡に置かれた東北一の雄藩で、六十二万石の外様大名だ。

杢之助の生きた時代、藩主は伊達綱宗で伊達家十九代、政宗から数えて三代目の藩主だった。

寛文六（一六六六）年九月、伊達綱宗の名を受け、奉行の山崎平太左衛門が立神浜に検分にやって来た。案内したのは代官鎌田九郎、宮沢源左衛門のふたりで、杢之助が召し出された。

杢之助は仙台藩から正式に、防風林として長さ四町（約四四〇メートル）、横二町（約二二〇メートル）の所に松の造林を命じられた。

翌寛文七年三月、山野に自生していた松の苗木を引き抜いて立神浜の近くに植え替える作業が村方と相談して行われた。

この年、植え付けに参加したのは二〇〇人ほどの人夫で、そのうち一〇〇人は村方よりの出役、残りの一〇〇人は杢之助が手配した。六二〇〇本が植えつけられたが、そのうちの九〇〇本は杢之助の負担である。

だが、元々海に面した弱い地盤の砂地である。なかなか根付かない。結局三〇〇〇本程度しか根付かず、半分以上は枯れてしまった。

松の根付けは念入りに行う必要がある。大量に人夫を動員するやり方だと、どうしても植え付けは粗雑になり、ついには枯れてしまう。

杢之助は現状を代官に報告するとともに、以後は自分が手配する人夫で念入りに植え付けたいと申し出た。

翌寛文八（一六六八）年には人夫七六人、寛文九年には八三人、寛文十年には九五人、寛文十一年には六五人、寛文十二年には五三人、延宝元（一六七三）年に一〇〇人と、七年間で延べ六七二人の人夫が動員され、松苗一万八千本が植えつけられた。地道な作業である。

寛文十一年四月二十日、杢之助は大事業半ばで亡くなった。

だが、その事業は杢之助の子の采目《うねめ》七左衛門・八三郎と子孫に受け継がれた。

その間、菅野家は仙台藩から立神御林御山守に命じられるようになった。仙台藩領の山林の管理を任せられ、全面的な責任を負うことになった。杢之助の子孫は代々、私財を投じて松林の保護育成に努めた。

その努力が認められ、やがて仙台藩からは租税を免じられるようになり、立神御林の一部が菅野家に与えられた。

高田松原はその後、何度も津波に襲われているが、菅野杢之助やその子孫が植えた松並木が背後の耕地や市街地をそのたびに守って来た。

だが、二〇一一年三月十一日の東日本大震災はその松並木を根こそぎ押し流してしまった。

菅野杢之助の事跡を物語る文書は高田町の浄土寺に残されている。浄土寺は杢之助の菩提寺であり、私の母方の菩提寺でもある。

高田高校と宮沢賢治詩碑

高田松原から約二キロ離れた場所にあった岩手県立高田高校は津波で三階建て校舎をすっかり破壊され、生徒は二〇一五年四月に新校舎が出来るまで大船渡東高校の校舎を借りて授業を受けた。

私は二〇一一年八月二十八日、高田小学校で開催された復興イベントに参加したが、前日とその日は高田高校の文化祭を兼ねていた。

このイベントには二日間で一万七千人余りが来場したという。ずいぶんと活気があり、私は束の間の復興気分に浸ることができた。

高田高校からは吹奏楽部や音楽部の発表があったほか、いくつかテントを使用しての展示があった。

図書館が被災し、本は津波で流されたが、間借り中の大船渡東高校に全国から本を贈ってもらい、ボランティアの手で整理され、貸し出しできることになった。その経緯が詳しく展示で紹介されていたが、残念なことに本の受け入れは千数百冊でストップしたという。収容スペースが十分でないということだった。

校舎が間借り中なのでやむを得ない措置と思うが、何ともやりきれない気持ちになった。おそらく、大震災前は数万冊の蔵書があったはずだ。二千冊に満たない蔵書では、好きな本に出会う確率は低くなる。

読書により将来の夢を育む。そのことが十分に行われていない現実が残念だった。

イベント会場でＡＫＢ48の曲に合わせて踊る生徒たちのようすは楽しそうだったが、振り付けと音楽が合っていず、練習不足が露呈していた。通学に時間がとられ、練習に十分な時間が取れなかったのかもしれない。

大事な高校時代を間借り校舎で過ごし、満足な文化祭を開けない。大震災の影響とはいえ、その現実が悲しかった。

実際に高田高校を訪れたのはその三か月後の十一月二十七日、第一中学校の同級生・鷺悦太郎の車に乗せられてのことで、校庭にあったという宮沢賢治の詩碑を確認したく思ったのだ。

昭和四十七（一九七二）年十一月十六日に詩碑の除幕式が行われたが、宮沢賢治の「農民芸術概論綱

要　農民芸術の綜合」より次の文句が刻まれていた。

まづもろともに
かゞやく宇宙の
微塵となりて無
方の空にちらばら
う　　　徹書

当時高田高校の校長をしていた鈴木實は宮沢家と親しかったが、賢治の図書の印税が高田高校に寄付されたのが、詩碑建立のきっかけとなった。

鈴木實は、賢治が晩年技師兼セールスマンとして勤めた東北砕石工場の社主・鈴木東蔵の長男だった。

碑文は高田高校創立四十周年の折に講演した谷川徹三が講演後に色紙に揮毫したものを銅板に鋳直して石に刻んで作成した。碑石は住田町を流れる気仙川支流の桧山川の転石を使用した。

私はその日、校庭の前庭にあったという詩碑を見つけることができなかった。津波で流されてしまったのかもしれない、と思った。

校舎の間近にある阿久悠作詩の「コールドゲーム」の碑は残っていた。

一九八八年八月十日、高田高校は甲子園大会の第一回戦で兵庫代表の滝川第二高校と対戦した。私はテレビで見ていたので、その試合のことは覚えている。雨が降りしきる中での試合だった。雨が収まらず、八回裏のコールドゲーム。高田高校は三―九で敗れた。そのことを話題にして、阿久悠は「コールドゲーム」という詩を書き、その一部が詩碑に刻まれている。

「高田高校の諸君　きみたちは　甲子園に　一イニングの貸しがある」という内容で、五十六年ぶりに降雨コールドとなった歴史を伝えている

二〇一二年九月十五日、津波で校舎が全壊した高田高校で着工式が行われた。裏山の高台に新しい校舎が建設されることになった。

その着工を待っていたかのように九月二十一日、水没した三階西側の図書室で、砂にまみれた形で谷川徹三の「まづもろともに」の色紙が見つかった。

石碑の台座は大船渡東高校の校庭に運び出されており、色紙が見つかったことで詩碑の修復が可能になった。

工藤良裕校長は「復元を検討したい」と朝日新聞記者に語った（二〇一二年十月二十七日付朝日新聞岩手版）。

二〇一五年四月、新しい校舎が完成した。私は鷺悦太郎と早速見に出かけたが、宮沢賢治詩碑は見つからなかった。高田高校に問い合わせたところ、まだ詩碑再生のめどは立っていないという回答だった。

鳥羽源蔵と宮沢賢治

東日本大震災以後、宮沢賢治の詩「雨ニモマケズ」が日本のみならず、世界各国で復興に向けた祈りや願いとともに受け止められ、紹介されてきた。

発端は俳優の渡辺謙が「雨ニモマケズ」を朗読する動画が流れたことだ。同年四月一日にはジャッキー・チェンやジュディ・オングらが開催したチャリティコンサートに曲がつけられ、香港、台湾、中国など約三〇〇〇人の歌手によって日本語で大合唱された。

さらに、四月六日にはフランスのパリ・シャンゼリゼ劇場での日本支援公演「ホープ・ジャパン」で、俳優のランベール・ウィルソンらにより「雨ニモマケズ」がフランス語で朗読され、翌四月七日にはスペインの州立歌劇場における「頑張れ日本コンサート」の終盤に、「雨ニモマケズ」が日本語とスペイン語で朗読されるといった具合である。

賢治は明治二十九（一八九六）年八月二十七日生まれだが、その二か月後に死者二万人を超えた明治三陸地震津波が起こっている。

また、亡くなったのは昭和八（一九三三）年九月二十一日だが、その年の三月には昭和三陸地震津波が起こっていて、三陸は再び惨禍に見舞われた。大正十二（一九二三）年には関東大震災が起こっており、賢治の三七年という生涯は大震災と共にあったといっても過言ではない。

昭和八年三月、詩人大木実宛てに書かれた葉書では昭和三陸津波に触れ、「被害は津波によるもの最も多く海岸は実に悲惨です」と書き、関心の高さを示している。

賢治は陸前高田を訪れることはなかった（当時、大船渡線は陸前高田まで通じていなかった。「第四章　宮沢賢治と大船渡線」参照）。とはいえ、陸前高田市小友町出身の博物学者・鳥羽源蔵（一八七二―一九四六）と接点があった。

明治三十年頃から昆虫や植物の採集を始めた鳥羽は、その後対象を海藻、岩石、貝類まで広め、博物学に精通していった。

明治三十三（一九〇〇）年に小友小学校の教員となり、台湾総督府農事試験場勤務を経て、明治四十一（一九〇八）年に再び、小友小学校で教鞭を執る。

大正十一（一九二二）年、五十一歳の時岩手師範教諭心得に抜擢され、以来亡くなる前年まで教壇に立ち続けた（一九四四年三月に退官）。

日本貝類学会創立に尽力し、三〇種を超す新品種を記録した。日本全土の植物や昆虫類の研究実績があり、貝類のトバマイマイ、トバニシキなど「トバ」を冠した和名が残されている。

賢治は鳥羽の仕事に注目していた。「猫の事務所」という童話には「トバスキー」「ゲンゾスキー」というように、鳥羽の名前を採り入れている。賢治の遊び心だろうか。

ふたりは大正十四（一九二五）年に出会った。賢治が花巻農学校で教えていた時期である。鳥羽は師範学校に勤めながら博物学資料の収集を続けていたが、かねてから花巻付近の小船渡という北上川沿岸にクルミの化石が出ることに着目。懇意にしていた東北帝国大学地質古生物学教室の早坂一郎博士に調査を依頼した。

調査の結果、早坂はまだ学会に発表されていない珍品と鳥羽に連絡した。実際の現地調査を望んだ早坂は十一月二十二日午後一〇時に花巻に到着した。

翌日、現地を賢治が案内した。北上川のこの辺りは、「イギリス海岸」と命名した地域である。花巻駅で三人は会談したが、早坂がいうには化石地帯は頁岩の風化した第三紀の中の新しいもので、クルミは現世の絶滅種「バタグルミ」だった。

そのことは岩手毎日新聞（十一月二十五日付）に、「花巻の胡桃化石　数百年前の珍植物　早坂博士調査」と報道された。

賢治は盛岡高等農林学校で岩石学を学び、卒業後は一時研究生として稗貫郡の地質土性調査に従事した。そうした専門知識が鳥羽源蔵との出会いをもたらしたのである。

かつて高田松原の近くには、鳥羽のコレクションなど約一一万点を収蔵していた「海と貝のミュージアム」があったが、津波で建物が破壊され、ミュージアムは閉館を余儀なくされた。

やはり、海の近くにあった陸前高田市立博物館も津波により飲み込まれてしまった。一九五九年に開館した市立博物館は東北で第一号の公立博物館で、「水産日本のルーツ」といわれる縄文時代のモリや釣り針などの骨角器、鳥羽源蔵の昆虫や植物のコレクションなど約一五万点の収蔵物があったが、大半が流出したり、泥をかぶったりした。また学芸員六人が波にさらわれ、命を落とした。

熊谷賢（一九六六年生まれ）は「海と貝のミュージアム」で唯一生き残った学芸員で、二〇一一年四月からは両館の主任学芸員を兼任している。

岩手県では博物館同士の連携が強く、大震災後は協力して事後処理に当たって来た。まず、がれきや泥の中から何とか収蔵品の半数余りを回収、それを閉校した地元の小学校に運び、総勢一〇名ほどで一点一点泥や砂を洗い落とし、乾燥させるなど応急処置を施した。

やがて、全国の博物館関係者から協力の申し出が相次ぎ、収蔵品の洗浄・修復を手分けして行う体制が整った。

まだ、博物館の再建は青写真さえない状態である。仮設住宅に住み、日々の生活に追われている人々が多い現状では、文化の復興は後回しにされる。

だが、たとえ、街並みが復活したとしても、文化財がない状態では真の復興といえるだろうか。文化財があってこそ、住んでいる人々は誇りを持って生きて行けるのではないだろうか。そう思い、熊谷は文化財の修復という地道な作業を続けている。

石川啄木と高田松原

かつて高田松原の松林の中には石川啄木の歌碑があったが、東日本大震災による津波で流されてしまった。

啄木にとって、高田松原は思い出深い場所だった。盛岡に近い渋民村（現盛岡市）に生まれた啄木にとって、海はあこがれの存在だった。内陸部に育ったため、逆に想像力が刺激されたのかもしれない。

初めて海を見たのは明治三十二（一八九九）年、十四歳で上京したときだったが、品川の海を見た啄木は「海はきたないものだ」（評論「汗に濡れつゝ」）という印象を持つ。

その印象は翌年、盛岡中学三年生のクラス旅行で三陸海岸に出かけた時にくつがえされる。

このときに初めて、啄木は美しい海を見た。高田松原に立ち寄った啄木は、仲間たちと愉快な時を過ごした。

膝小僧の出た短めの単衣に白い兵児帯を締め、草履を履くといったいでたちで出かけた旅行だった。担任の冨田小一郎の引率で級友五人と共に出かけたが、一行は七月十八日に盛岡を出発している。水沢までは列車で行き、その後は徒歩で出かけたというのだから皆、相当な健脚である。もっとも、当時は現代のように交通機関が発達していない。今なら一関から大船渡線で沿岸部に向かう方法があるが、一ノ関—陸中松川間が開通するのは一九二五（大正十四）年のことで、陸前高田を経て盛まで開通するのはさらに後年のことだ。大船渡線については本書の第四章で再び触れる。

一行が一関、千厩、気仙沼に宿泊して陸前高田に着いたのは七月二十一日である。

陸前高田では長部で漁船を借りて広田湾を横切った後、高田松原を眺めながら、東端に上陸した。高田町の旅館に二泊して、氷上山に登ったり、高田松原で海水浴をして過ごした。

内陸育ちの啄木は泳げなかったに違いないが、それでも楽しい日々を過ごしたことだろう。

一行はその後、船と徒歩で沿岸を北上し、釜石まで行った。十二日間の旅の途中、宿でビールを飲んだこと、食欲旺盛な啄木が宿でご飯を十二膳食べたこともあった。

その四年前、明治二十九（一八九六）年に明治三陸大津波が起こっている。一行は大船渡市三陸町吉浜で「嗚呼惨哉海嘯」と刻まれた供養碑を見ている。現在、その供養碑は吉浜の正寿院にある。

啄木は明治四十二（一九〇九）年、岩手日報に連載した「百回通信」という随筆の中で、「冨田先生が事」という文章を記している。

旅行を引率した冨田小一郎は中学一年から三年まで、啄木の担任だった。顎ひげを生やした風格のある先生だった。よく叱られたが、思い出深い恩師だった。

「一の関より気仙に出で、初めて海を見て釜石に到る。途上、先生の面前に先生の口吻を倣ねて恬として恥ぢざりし者は乃ち小生なりき。先生呆れて物言はず」と記されており、冨田との親しげなようすがうかがわれる。

三陸旅行のようすがよく詳しくわかるのが、参加した級友・船越金五郎の日記である。

その日記が公開されたのを契機に、高田松原に歌碑が建てられた。昭和三十二（一九五七）年のことだ。

この碑は「いのちなき砂のかなしさよー」の「いのち」を「命」と漢字に変更しており、表記が歌集と違うために論争を引き起こしたが、三年後に起こったチリ地震津波により流された。

津波の十一か月後、碑は砂浜の中から見つかった。現在、その碑は氷上神社に移されている。

啄木が登山を楽しんだ氷上山は標高が七八七メートルとさほど高くなく、ハイキングにもってこいの山として陸前高田市民に親しまれている。私も小中学生時代、何度も氷上山に登った。頂上からは陸前高田市街を一望できる。

昭和四十一（一九六六）年七月、高田松原に啄木と親しかった金田一京助が揮毫して新しい歌碑が建てられた。

いのちなき砂のかなしさよ
さらさらと
握れば指のあひだより落つ

歌集『一握の砂』で名声を獲得した啄木の代表的な歌だ。

私は特別に啄木に親しんできたわけではないが、その歌碑があることは小学生の頃から知っていた。

高田松原の有名なスポットだったことは確かで、親戚と歌碑の前で写真を撮ったこともあった。

この歌碑が東日本大震災による津波で流されてしまった。啄木の歌碑が流されるのは二度目である。

「悲劇の歌碑」といえるかもしれない。

今回は津波が大きく、歌碑は見つかっていない。

一九一二年四月十三日、啄木は二十六歳二か月でこの世を去った。

石川啄木記念館は没後百年記念事業として、東日本大震災で消失した歌碑に代わるものとして、新しく高田松原に歌碑を建てる運動を展開し、二〇一三年十一月十四日、新しい歌碑が建てられた。

ちなみに、当時の石川啄木記念館館長の菅原壽さんは陸前高田出身で、私にとっては一関第一高校の大先輩に当たる。

新しく刻まれたのは、次の短歌だった。

頬につたふ　なみだのごはず　一握の砂を示しし人を忘れず

とはいえ、高田松原周辺は現在、かさ上げ工事の真っ最中で、この歌碑はあくまで仮設だという。場所を変え、本設されるのは二〇一八年頃になると推測される。

鈴木善久と高田松原を守る会

二〇一四年六月十五日、宮沢賢治学会で理事を務める私は、二十九人で陸前高田への現地視察を行った。

二〇一一年三月十一日に起こった東日本大震災以後、宮沢賢治の「雨ニモマケズ」が世界的に紹介された。私は岩手大学で宮沢賢治について教えているが、被災地の避難所でこの詩が掲示され、励まされたという学生が数人いた。

「雨ニモマケズ」は被災者の心情を代弁する詩として広がりを見せたが、私は宮沢賢治を愛する人々に被災地陸前高田の現状を知ってもらいたく思い、現地視察を企画したのである。

大震災から三年を経過し、人々の関心は大きく失われ、ニュースになることも少なくなった。だが、被災地の現状はなお厳しく、復興にはほど遠い現実がある。

宮沢賢治学会は会員約一五〇〇人を擁し、会員分布は全国に及んでいる。賢治の愛好者は心優しく、被災地の現状に思いを寄せる人々がなお多い。そうしたこともあり企画したが、人数が多いとは言えなかったにしろ、広く大阪や京都から参加してくれる人がいて、とてもうれしかった。

一行は午前九時に花巻駅で待ち合わせをして、バスで陸前高田へと向かった。途中、休憩をとり、二時間ほどして奇跡の一本松駐車場に到着した。

奇跡の一本松には、駐車場から歩いて十分ほどかかる。観光名所となっていて、既に周りには人々が十数人集まっていた。

私がガイドをお願いしたのは鈴木善久である。私の従姉である三浦シゲ子の高田高校での同級生、岩手大学卒業後、県内の小中学校で教師として働いた。現在は高田松原を守る会会長を務めている。

奇跡の一本松に関してはマスコミで多くの報道がなされたが、その窓口となったのが鈴木であり、貴重な話を聞くことができた。大震災当時、鈴木は自宅のある米崎町で津波に見舞われた。津波は自宅のすぐ近くまで押し寄せ、鈴木が暮らす六十二世帯の集落で七人の犠牲者が出たという。当時高田松原を守る会の会長をしていた吉田世耕も亡くなり、副会長だった鈴木が同年五月から会長を務めている。

東日本大震災により陸前高田は市街地が壊滅的な打撃を受け、国の名勝、日本百景のひとつ、白砂青松の高田松原は失われた。夏は年間百万人の海水浴客でにぎわう、市民にとっては精神的な支柱だったと言ってもよい。

七万本の松が高田松原に植えられていたとされるが、唯一残ったのが奇跡の一本松である。高さは約二八・五メートル、直径は八七センチあり、震災後の調査により、樹齢が一七三年と確認された。江戸時代後期、天保年間に植えられたものと推定される。

周辺にはそれ以上高い木もあったが、その多くは一九六〇（昭和三十五）年以後に植えられたものだという。

陸前高田を含む三陸地方はたびたび津波に襲われた。そのたびに周辺の人々は、防災の目的で松を植えて来た。奇跡の一本松は一八九六（昭和二十九）年・一九三三（昭和八）年の三陸大津波、一九六〇（昭和三十五）のチリ地震津波、二〇一一年の東日本大震災による津波と、四度の大津波を生き延びて来た、まさに奇跡の一本松だった。

東日本大震災により陸前高田市民の約一八〇〇人が死者・行方不明者になっている。大震災以前の陸前高田の人口は約二万四千人にすぎない。

その一割弱の人々が犠牲になったことになる。生き残った人々で、親戚や知人、友人たちを大震災で失わなかった人はいない。だれもが死者を思いながら、残された日々を生きている。

生き残った人々の生活も平坦ではない。仮設住宅に暮らしている人々、仕事に就くことができずに苦しんでいる人々も多い。そうした人々にとって、奇跡の一本松は希望や勇気を与える象徴的な存在だった。

だが、そのままにしておくと、根元まで来る海水の塩分で根腐れを起こし、死んでしまうかもしれない。鈴木を代表とする高田松原を守る会では、岩手県、陸前高田市、住田町、日本緑化センター、日本造園建設業協会などと連携しながら、奇跡の一本松を守るための活動を開始した。

まず、暑くなると、奇跡の一本松が生えている地面が乾燥するので、乾燥を防ぐため地面にわらやヨシズを敷き詰めた。

また、根元に海水が来ないように、奇跡の一本松の周りに堤防を築いた。

さらに、遺跡の一本松の幹を乾燥、強い日射、紫外線から守るために、幹に菰やネットで巻き付ける作業をした。

一方、大震災から一月後には、奇跡の一本松の枝の一部を採取して、接ぎ木をしたほか、松ぼっくりの種を採取して、奇跡の一本松の苗を育てることにした。

鈴木善久が会長を務める高田松原を守る会では、奇跡の一本松が新しい根を出せるようにと、一本松の根元に発根促進剤を水に溶かして散布した。

日照りが続いたときには、軽トラックに水を入れたタンクを積んで、奇跡の一本松の根元に水を散布して、水不足に陥らないように努めた。

奇跡の一本松にとって、最大の敵は海水に含まれる濃い塩分で、それをいかに取り除くかが課題だった。

そのことを考慮し、市内で造園業を営んでいる人々の協力を得て、日本緑化センターの指導の下、ガソリンや軽油を燃料とする発電機で電気を起こし、それを水中ポンプに送り、水中ポンプで湧き上る海水くみ上げ除去する作業を繰り返した。

そうした努力を重ねたにもかかわらず、大震災から二か月後、二〇一一年五月中旬ごろからは奇跡の一本松に赤茶けた部分が見られるようになった。

梅雨の季節が過ぎ、暑い夏の日が続くうちに、奇跡の一本松の赤茶けた部分はどんどん広がっていった。

十月初旬、日本緑化センター、日本造園業協会の人々が奇跡の一本松の根元の砂を掘って調査した結果、根のほとんどが腐れており、水や養分を自身で吸収できない状態にあることが判明した。

十月中旬、海水をくみ出すポンプが止められた。そうした作業をしても効果がないと判断されたためである。

鈴木善久ら、高田松原を守る会メンバーにとってはただ、奇跡の一本松を見守るしかない日々が続いた。

翌二〇一二年二月、奇跡の一本松の近くに、こんな立て板が現れた。

「一本松の願い、少し休みます。枯れても切らないでね。変わったかたちで甦りますから」

だれがこの立て板を立てたかはわからなかったが、奇跡の一本松に希望と勇気をもらった陸前高田市民のひとりと推測される。市民の多くが奇跡の一本松の行方を心配していたのである。

五月二十八日、日本緑化センター、日本造園業協会の人々が再び調査した結果、奇跡の一本松には新芽が出ていず、枯死が確認された。その知らせは、多くの陸前高田市民に失望をもたらした。

七月、陸前高田市は津波の恐ろしさを後世に伝え、東日本大震災で亡くなり行方不明になった多くの人々の鎮魂・追悼のためのモニュメントとして、奇跡の一本松を保存することを決定した。

そのための費用は募金で賄うこととし、国内外に広く募金を呼びかけることもあわせて決定された。奇跡の一本松を長期的に保存するためには、根、幹、枝が虫に食われたり、腐れたりしないように薬剤処理などをしなければならない。

そのために、九月十二日、奇跡の一本松は伐採され、分けられて名古屋や京都などの工場に運ばれた。奇跡の一本松保存事業にはおよそ、一億五千万円を必要とする。

幸いにも、国内外から募金が寄せられ、その費用を賄うことができた。

翌二〇一三年七月七日、奇跡の一本松保存事業完成式が盛大に行われた。再生した奇跡の一本松が依然と同じ場所に姿を現したのである。

一方、奇跡の一本松から接ぎ木した松は滝沢市にある材木育種センター東北育種場で大事に育てられている。

東日本大震災が起こる前年、二〇一〇年秋には住田町に住む新沼孝子さんが「松ぼっくりを使った飾りのリース」を作ろうとたくさん、高田松原で松ぼっくりを拾っていたが、大震災後それを高田松原を守る会に届けてくれたことも幸いした。その種も合わせて東北育種場に送っており、高田松原の松の苗は順調に育っている。

高田松原を守る会では、東日本大震災以後、奇跡の一本松など自然保護活動に積極的に取り込んできた。

元々、白砂青松として知られる約二キロに及ぶ高田松原周辺は豊かな自然に恵まれていた。アオサギ、ハクチョウ、カモなどの水鳥が多く集まり、砂浜にはハマヒルガオ、ハマエンドウ、ハマナス、ハマニガナなどたくさんの植物が生えていた。

そうした自然豊かな高田松原で、陸前高田市民は海水浴、潮干狩り、花火大会などを楽しみ、数々の思い出を作って来たのである。

やはり東日本大震災で破壊されてしまったが、高田松原の近くには古川沼があり、夏にはボートをこぐ人々でにぎわっていた。海水と淡水が混じり合うことから、シジミがよく取れたことでも知られた。高田松原のすぐ近くを流れる気仙川はアユ釣りをする人々でにぎわっていた。今ではかなり上流に行かないと、アユが釣れないらしい。

気仙川には思い出がある。中学生の頃、川岸にいるウナギを手で捕まえたことがあるのだ。その日の夕方、かば焼きにして食べたがとてもおいしかったのを覚えている。私は知らなかったが、気仙川のほとりにはとったばかりのウナギを食べさせる店があったという。現在、絶滅危惧種とされるニホンウナギだが、今でもウナギが気仙川に泳いでいると教えてくれる人がいた。気仙川の豊かさを再認識でき、とてもうれしかった。

東日本大震災により、高田松原は大きく様変わりした。松の木は根こそぎ倒され、幹が折れ、松林や砂浜が消えた。

島状に残った高田松原跡地には津波で打ち上げられたたくさんのがれきが散乱していた。壊れた家の破片、洗濯機、テレビ、タイヤなどありとあらゆるものが雑然と残されたのである。

その姿を見た鈴木善久は呆然としたが、高田松原を守る会の仲間と共に、片づけることにした。多くの親類、友人を失った今、それが生き残った者の使命と思ったのである。

会員の他、多くのボランティアの協力を得て、高田松原跡地周辺をきれいにすることができた。

現在、高田松原を守る会が最も力を入れて取り組んでいるのは、苗木畑での松苗育てである。

小友町にある標高四六七メートルの箱根山のふもとの休耕田を借りて、草を刈り、土中の草の根、石を取り除いた後、耕して畑を作った。

その後、滝沢市にある東北育種場、京都府緑化センターなどで育ててもらったクロマツ苗を移植、約六五〇〇本の松苗を育てている。

東日本大震災以前から高田松原では松くい虫による被害が目立っていたが、今育てている苗の中には松くい虫に抵抗力のあるクロマツ苗もある。これは茨城県在住の人がわざわざ持参してくれた松苗である。

苗木畑では高田松原から移植したハマナス、ハマエンドウなども育てている。

現在、岩手県は高田松原の復旧工事を続けており、海側の防潮堤（第一線堤）と陸側の防潮堤（第二線堤）を完成させる計画である。

第一線堤と第二線堤の間にはかさ上げ地盤が造られる予定で、その地盤に松苗を植え、松原を再生させる計画である。かさ上げ地盤に松苗を植えるのは早くで二〇一六年秋頃になりそうだという。

高田松原を守る会では今後、さらに松の種を増やし、松苗の移植に備える計画だ。

実際に松苗を移植する際には、県内外の多くの人々と共に、松苗を移植したいと鈴木は語る。実際、この松苗育てには学生を中心にして、多くのボランティアが県内外から参加している。

かつて、七万本の松が生えていた高田松原には現在、奇跡の一本松以外に、松は残されていない。逆にいえば、奇跡の一本松が残ったからこそ、希望を持ち、未来へとつなぐ松苗を育てていこうという活動が根付いたともいえる。

いたずらに現実を嘆くのではなく、五十年後にかつての高田松原に近づけたいという遠大な目標を掲げ、鈴木善久は地道な活動を続けている。

第二章　それぞれの大震災

画家として再出発――鷺悦太郎

二〇一一年三月十一日に起こった東日本大震災は、陸前高田でかつて共に過ごした仲間たちを直撃した。鷺悦太郎はそのひとりである。

陸前高田市立第一中学校の同級生・鷺悦太郎は、小学生の頃から絵の才能が抜きんでていた。小学校とか中学校の絵のコンクールでは、いつも入選していた記憶がある。

私は手先が不器用で、絵を描くのは大の苦手。だから、余計鷺のことを記憶していたのかもしれない。そんな鷺でも、高田高校から大学を目指す時、進路を迷った。手先が器用なので、工学部に進学しようと思った時期もあった。

そんなとき、一つの出会いがあった。画家・行木正義《なめきまさよし》（一九〇九―二〇〇三）との出会いである。行木の師は大家として一般にも知られている猪熊弦一郎《いのくまげんいちろう》だ。

行木は千葉県東金市に生まれたが、一九五三年に渡仏し、ピカソと親交を深めた。一九七四年に帰国し、陸前高田に住むようになり、アトリエを開いてまもなく、鷺と出会ったのである。行木は一九九四年に紺綬褒章を受章している。

他の世界と同様、画家の世界にも派閥がある。行木はその現状を憂い、新制作協会（発足時は新制作派協会）というグループに属していた。派閥にとらわれず、自由と純粋さを求め、昭和十一（一九三六）年に猪熊弦一郎ら九人の画家により結成された美術団体である。

縁があり、第一回日洋展というコンクールに鷲が出展し、三越奨励賞を受賞した。高校三年生の時だ。このことが鷲の進路を決定する。

行木と実際に会い、感化を受けた。画家の道を進もうと決意、岩手大学教育学部特設美術科を目指して受験勉強に励み、見事現役で合格した。

大学在学中は日洋展に出展、連続入選を続けた。新制作協会が主催する新制作展にも入選した。

岩手大学に特設美術科はもうないが、卒業後の主な進路は美術教師である。

だが、鷲が師と仰ぐ行木正義は芸術至上主義で、就職すること自体潔しとはしない態度だった。鷲が進路を相談すると、部屋を貸すから東京に出てこないかと誘った。行木にしてみれば、才能のある弟子を身近に置きたかったのかもしれない。

とはいえ、これからどうやって食べていくのか。雲をつかむような話である。

長男である鷲は、その選択をしなかった。両親の反対もあった。

結果的に鷲は非常勤で美術教師をする選択をする。高田高校、大船渡工業高校、大船渡農業高校の三校で絵を教え始めた。

しばらくすると、そんな生活にも飽きが出て来る。まず、気になったのは収入の問題である。正規の教員となった美術仲間は次々に昇給してゆく。ボーナスもたんまりともらう。鷺には昇給もボーナスもない。収入の差は一〇〇万とか二〇〇万に拡大してゆく。

仕事の中身に対する不満も募って来た。

高田高校や大船渡農業高校の場合はまだよい。授業は選択だから、比較的美術に関心のある生徒が集まる。才能はともかく、関心のある生徒が相手だとやりがいはある。

問題は、大船渡工業高校だった。この高校は美術が必修で、やる気のない生徒にも応対しないといけない。やる気のない生徒に気を遣い、単位を取らせる。そんな生活に嫌気を覚え始めた。

不満が募り始めた頃、大船渡工業高校では創立六十周年を迎えた。文化祭は当初やらない計画だったが、急遽やることが決定され、鷺がポスターを作ることになった。

文化祭まで、一月余りしかない。時間がなさすぎる。図柄を考える時間がないことに苛立った。

学内は中退者が続出、校長と教職員との間がぎくしゃくして、落ち着かない。鷺はやめる決心をした。

岩手大学を卒業して九年余り経過していた。年齢は三十代に入っていて、このままではいけないという思いもあった。

以前、大船渡市から依頼され、初心者向け絵画教室の講師をしたことがあった。そうした行政から依頼される仕事に加え、自分が絵画教室を主宰すれば食べていけるのではないか。そう思い、三校の非常勤講師をやめることにしたのである。

鷺は油絵サークル「鷺の会」ほかいくつかの団体で講師を務め、その合間に絵を描く生活を送るようになった。以来二十年以上、そんな生活を続けて来た。大震災の前は、陸前高田、大船渡、気仙沼で九つの絵画教室を主宰し、生徒は百名を超えていた。

その間、老いてゆく両親の世話をした。小学校教師をしている姉や弟は陸前高田を離れているから、両親の世話は鷺の仕事になった。母に続き、父が数年前に亡くなり、やっと自由になる時間が増えた。

ひとりになり、これまでの歩みを振り返った。

生活するにはお金は必要だ。絵で稼いできたことに悔いはない。

とはいえ、画家としてはどうか。合間合間に絵を描き、作品は二〇〇点ほどになったが、その絵の価値をどれほどの人が評価してくれているか。気がつけば、長い間公募展から遠ざかっていた。年齢は五十歳を過ぎていた。

そんな中、日展（日本美術展覧会）への応募を勧めてくれる人がいた。画家として階段を上がってゆくには、ぎりぎりの年齢だった。これからスピードを上げて取り組むしかない。

二〇一〇年秋、日展に初めて出店した洋画「ラタン」が入選したことで、自信を持つことができた。洋画部門で入選したのは、岩手県では鷺を含め二人。快挙といってよかった。

少し出発が遅すぎたかもしれない。鷺はそうも思った。

毎年、日展には東京芸術大学、多摩美術大学、武蔵野美術大学などを卒業した若手の作家たちが出展してくる。若手の人々は次第に画壇に認められてゆく。そうした若手と鷺は競わなければならない。

一度入選を果たしたことで、鷺は日展の会友となった。入選を続ければ、準会員、会員への道は開ける。十年入選を続ければ、準会員に推挙されるはずだ。そうなれば、会員へはもう一歩だ。

運よく入選を続け、準会員になった時、鷺は六十代に差し掛かっている。そう思うと、時間を無駄にはできない。

師の行木正義はかつて、美術界の派閥主義を憂いた。その行木により画家の道を歩んだ鷺だったが、人はどこかに所属しないといけない。派閥に属することに抵抗する気持ちが若い頃にはあったが、今はそんな気持ちがなくなっていた。

日展には傘下団体が七つある。白日会、創元会、示現会、光風会、日洋会、東光会、一水会である。鷺はその中の一つ、白日会の展覧会に誘われて応募した。

三月九日、正式には郵送で連絡があるのだが、その前に佳作入選したという電話があった。作品名は

「ノスタルジア」。佳作入選したことで、白日会の会友として推挙された。

うれしかった。日展での入選に続き、白日会でも認められた。

奥州市水沢に住む姉が祝ってくれるというので、翌日水沢のイタリアンレストランへ行き、祝杯を上げた。

画家としては遅いスタートだったが、これまでの歩みは順調だ。鷺は得意の絶頂にあった。

ところが、東日本大震災で運命が暗転する。

三月十一日、鷺は自宅にある高田町森の前のアトリエを出て、主宰する絵画教室の会場に向かおうとしていた。

二時四六分、かつて感じたことのない大きな地震があった。しばらくそのままでいた。揺れが収まったので、再び外に出ようとすると、再び大きな揺れがあった。

やがて、「逃げろ。走れ」という声が聞こえて来た。

慌てて車を走らせ、高台に向かった。近くにある高台といえば、第一中学校である。たどり着くと、グラウンドにはすでに三台の車が駐車していた。

地震によりかなり大きい津波が来ていると知った鷺はさらに高台にある鳴石のエコタウンを目指した。

車を降りると、かなりの人々が集まっていた。皆車で逃げて来た人々だった。高台からは、押し寄せて来る津波により街が呑み込まれてゆく姿がはっきりと見えた。鷺は呆然として、そのようすをしばらく見続けた。

鷺は第一中学校に戻ることにした。戻ってみると、グラウンドは津波から逃げて来た車でいっぱいになっていた。

陸前高田は岩手県最南部に位置し、「岩手の湘南」と呼ばれている。岩手では最も暖かく、冬でも雪はあまり降らない。

とはいえ、三月上旬はまだ寒く、暖房が手放せない。その日は寒い一日だった。鷺は避難所となった第一中学校の体育館と車を往復してその日の夜を過ごした。体育館には避難した人々がひしめいていたが、暖房がないので寒い。車のエンジンをかけ、車中で温まった。

それでも寝付かれず、体育館のカーテンを外し、二、三人でカーテンにくるまって寝た。その日は地震があってから、食事をとることができなかった。

翌日はごはんを紙コップに半分くらい入れて提供されたが、しばらく食事が十分でない日が続いた。第一中学校の化学実験室に本部が置かれ、避難所の体制は次第に整えられていった。

だが、電気がなく、食料や水は不足した。携帯電話はつながらない。そんな不自由な日々が続いた。陸前高田の被害が甚大だったことはわかったが、テレビがないので実情は詳しくわからない。頼りになったのはラジオで、連日人々の安否情報を流していた。

体育館での生活環境は劣悪だった。一六〇〇人もの人々が所狭しと生活しているのである。寒さの上にプライバシーのない生活を続ける中で、疲労が蓄積してきた。

鷺が寝ていると、その上を靴を履いたまま人が移動してゆく。顔に土がかかることもしばしばだった。水が出ないから、トイレは大便ですぐにいっぱいになった。やがて、仮設トイレが設置されたが、不衛生な状態は解消されなかった。

主宰していた絵画教室はストップした。生徒の多くが被災し、避難所で生活するようになっていた。絵を描く余裕はなくなっていた。

鷺自身、自分の絵を描くことができず、欲求不満が高まっていった。

携帯電話には外から次々に着信があった。友人や知人が心配してかけて来たのだと思ったが、返信できない。もどかしい日々が続いた。

携帯電話が以前のように使えるようになったのは、七月になってからだ。三か月以上電話のない生活が続いた。

大震災にあって数日後、アトリエがあった自宅を見に出かけた。建物は基礎部分しか残っていず、描きためた二〇〇点近くの作品はすべて流されていた。

主宰していた絵画教室はすべて開催できなくなり、生活の糧を失った。呆然として日々を過ごした。

一週間くらいすると、支援物資が多く届けられるようになり、避難所での生活環境も次第に改善され始めた。

毛布が行き渡り、寒さで震えることはなくなった。やがて、いつものように春が来て、毛布は必要でなくなった。

避難所での消灯は夜九時と定められていた。

とはいえ、なかなか寝付かれない。

つい、懐中電灯を照らしながら、親しい人々と酒を飲むことになる。物資が次第に潤沢になり、中には酒を届けてくれる知人がいたのだ。

四月頃まではガソリン不足で、遠出することができなかった。

五月になると、避難所の光景が大きく変わり始めた。親戚の家に移ったり、仮設住宅ができたために避難所を引き払う人々が増えていった。スペースに大きな穴が空き始めた。やがて、グラウンドにも仮設住宅が建設された。

鷺にとって、よいこともあった。五月になり、主宰していた絵画教室の一つが復活したのである。少しずつ事態は改善されていった。

だが、着のみ着のままで飛び出してきたために、衣服の備えがない。生活の不便はしばらく続いた。ガソリン不足が解消すると、遠出してコインランドリーで洗濯した。一関や水沢方面にはよく出かけた。

第一中学校近くの大石地区には、四月外部の支援者により完成した「復興の湯」ができて、利用できるようになった。長く風呂に入れなかった被災者にとっては、まさに恵みの湯といえたが、鷺もこの湯に入り、寛いだ。

避難所では絵を描くことができなかったが、友人や知人からやがて、水彩絵の具が送られて来た。鷺は絵手紙教室を開いたことがある。そのことを思い出した。

避難所での生活はストレスがたまる。ただじっとしているだけでは、生活に潤いがない。そうした生活に彩を加えることができないか。自分には何か、できることがあるのではないか。そのことを考えた結果、周囲の人々の心を慰めようと、紙コップに似顔絵を描くことを思いついた。

鷺が似顔絵を描き始めたことはすぐに周囲に伝わった。自分の似顔絵を描いてもらおうと鷺の周囲には人々が群がり始めた。やって来た人々の似顔絵をマジックペンで二、三分で描く。

似顔絵を描いた紙コップは五百くらいになった。描かれた人は皆、喜んだ。

避難所で似顔絵を描く鷺の姿にマスコミは注目し、取材が相次いだ。

あまり明るい話題がなかっただけに、鷺の行為はＮＨＫ、毎日新聞、河北新報などに取り上げられ、鷺はちょっとした時の人になった。

七月一日のＮＨＫ「おはよう日本」に取り上げられたことはとりわけ反響が大きく、鷺の名前は全国に知れ渡った。

鷺のことを伝え聞いて、朝日放送でも取材を開始、十一月八日の「スーパーチャンネル」で紹介された。

七月になると、再開できた絵画教室が五つになった。生活の基盤が元に戻り始めたのである。

実は私は十年くらい鷺と会っていなかった。陸前高田に行くこと自体少なくなっていたのである。

東日本大震災は故郷である陸前高田への目を再び向けてくれたが、しばらく被害の甚大さ故に行くのをためらった。私は故郷の惨状を見たくなかったのだ。

そんな中、大阪で『新聞うずみ火』を発行している友人、矢野宏と栗原佳子が取材で陸前高田に来るという連絡が入った。一緒に陸前高田へ行きませんかとも誘われた。私は承諾し、被災した親戚や鷺悦太郎に久しぶりに会うことにしたのである。

その数日前、私は盛岡にある「開運橋のジョニー」を訪ねた。店主の照井顕はかつて陸前高田でジャズ喫茶「ジョニー」を経営していたが、数年前に妻の由紀子と離婚。盛岡に新たな店を構えていた。

鷺悦太郎との第一中学校体育館での再会
(2011年7月16日、左より筆者、鷺、矢野宏。撮影：栗原佳子)

私は店の常連だった鷺の電話番号を照井ならわかると思い訪ねたのだが、照井は知らないという。だが、すぐに鷺の友人である村上美津夫に電話してくれた。村上はやはり、第一中学校の同級生で、日本水道新聞社で記者をしている。

私は上京の際、しばしば村上を会社に訪ねたものだが、重い病気にかかり、村上が長期療養となり、しばらく会えないでいた。久しぶりに村上と話したが、元気そうだった。病気は快方に向かっているという。とはいえ、実家が大震災による津波で跡形もなく流されたと聞き、お悔やみの言葉を伝えた。村上から鷺の電話番号を聞き出し、鷺に私が会いにゆくことを伝えるように頼み、電話を切った。

七月十六日の夕方、私たち三人は第一中学校の体育館にたどり着いた。二階にいると聞かされ、二階に上がったが鷺はいなかった。電話で呼び出すとすぐに戻るという。

近くにいる人たちは似顔絵を描いてもらっているせいか、私たちにも愛想よく対応してくれた。だが、それは表面的な愛想のよさに過ぎなかった。

その日はひどい暑い日だった。矢野が五十歳くらいと思われる女性に「眠れますか」と気軽な感じで聞いたのだが、女性は返事をしなかった。こんな暑い日に、冷房も扇風機のない状態で眠れるわけがないでしょう。どうしてそんなことを聞くのか。眼がそう語っていた。

当時、すでに仮設住宅が次々にできていて、抽選に当たった人から避難所を出ていた。一時は一六〇〇人以上この体育館で生活していたというが、かなりの人々が去っていて、体育館はがらがらの状態だった。あるいは、その女性にはなかなか仮設住宅から抜け出せないイライラがあったかもしれない。

私たちは取材者に過ぎない。被災した人々の話を聞いても、その苦労を共有できるわけではない。そのことを思い知らされた。

きまずい空気が流れたところに、鷺が姿を現わした。私たちは鷺の体験談に聞き入ることになった。大震災により、鷺は今後どうするかをより深く考えるようになったという。日展にもう一度出展すると決め、七月末盛岡にいる弟の一室を間借りして制作に取り掛かった。

テーマは震災と結びつけたい。津波により線路がずたずたになった陸前高田駅のことが思い出された。

ＪＲ大船渡線は現在も気仙沼―盛間が復旧していず、その間を高速バスが走っている。果たして鉄路の復旧はあるのか。実現の見通しはない。ＪＲ東日本は鉄路の復旧は不可能という考えを示し、地元も受け入れる方向である。

そうした鉄路復旧の不確定さを思い浮かべながら、線路をバックにして将来への不安な心を描き出す作品を生み出したい。鷺はそう思った。

八月十二日、第一中学校の避難所を去る日がやって来た。その日は避難所が閉鎖された日でもあった。鷺は最後まで避難所に残った一人だった。

汚れていた避難所の掃除をして、鷺は小友町の仮設住宅に移った。日展に出店する作品の仕上げに精を出した。

描くうちに、モチーフが鮮明になってきた。気仙沼の絵画教室に通う女性がモデルになってくれた。

復興への思いを絵に託した。

やがて、絵は完成した。途切れたレールを背景に悲しそうな眼をした女性が佇んでいる。「路」と名付けられたその作品は畳二枚分（一〇〇号）の大作である。

自分なりに力を尽くした作品だが、結果が心配だった。

第43回日展（2011）「路」

十月十七日、インターネットでの発表があった。ドキドキしたが、自分の名前があったと知り、ほっとした。岩手では洋画部門の入賞者は鷺ひとり。しかも二年連続の受賞である。

受賞作品は日展の展示会場で翌週から十二月四日まで展示された。

私は東京に見にいけなかったが、東京在住の友人や陸前高田の友人たちがこぞって上京し、鷺の作品を見た。

十一月になり、私は鷺から電話をもらった。私はすでにそのことを知っていた。地元の新聞で大きく取り上げられたからである。画家が大震災で被害が甚大だった陸前高田出身ということも大きく取り上げられた理由だろう。

私は鷺が画家として着実な歩みを進めていることに安堵した。

翌二〇一二年夏には、東日本大震災で被災した画家、被災地に縁のある画家一〇〇人による作品公開が盛岡市中央公民館で開催された。

アートを通して心の復興を目指そうという『つながる』アートコミュニケーション展」である。

鷺はこの展示会に参加を要請され、実際に絵を描く姿を訪れた人々に公開した。

私はこの催しに出かけ、夜は一緒に参加した画家たちと共に酒を飲んだ。

陸前高田は元々、絵を描く人が多い土地柄だったが、大震災で亡くなった人が多く出た。身近な人が亡くなって気落ちしたり、経済的な理由から絵を描く気持ちになれない人もいるという。

被災した自治体では経済的な理由から文化面の予算を削り始めていて、現地の文化活動は停滞している。かってあった気仙芸術祭のような発表の受け皿がなくなり、やめてしまう人も多いという。

そんな中、鷺は自分が描き続けることで、周囲に刺激を与え続けたいと語る。続けていれば、もしかして絵をやめた人が再び描き始めるかもしれない。

一度しかない人生。生きていかねばならないなら、楽しんで生きていきたい。自分がやりたいように生きていきたい、と鷺は語る。


鷺と会うのは年に一、二度だが、その後の歩みは順調だ。相変わらず忙しい毎日を送っている。

二〇一五年まで六年連続で日展（洋画部門）での入選を続けている。ふだんは絵画教室を自ら切り盛りしているので、ほとんど休めない。それでも、絵を描くことは彼の天職であり、久し振りに電話してみると相変わらず元気な声が返って来た。

二〇一五年七月には名古屋のデパートである松坂屋で個展を開催した。東日本大震災による津波で、鷺はそれまで描きためてきた絵画二〇〇点ほどをすべて失った。そのために、個展に出せるような絵があまりなく、七月までに三〇点くらいがむしゃらに描かないといけないんだ、と鷺は語っていた。

私が久しぶりに会いたいというと、鷺は時間をとってくれた。二〇一五年四月四日朝、九時半、市役所近くに新設された陸前高田駅から下りると、鷺が待っていた。

一緒に新しく建てられた高田高校に向かう。高田高校は津波で全壊し、生徒は大船渡東高校の校舎を間借りしてこの四年間、授業を受けて来た。かつてあった校舎の裏山を崩して建てられた校舎が完成し、近くには高田高校前という高速バスの駅が最近作られた。

高台に上り、下りると柔道部の女子生徒が練習に励んでいるのが見えたが、まだ入学式前でもあり、あたりは閑散としていた。周辺を歩いたが、お目当ての宮沢賢治詩碑は見当たらない。どうやら、復活はまだ先のようだ。

＊http://yamani-iwate.jp/

大震災で起業家精神に目覚める――ヤマニ醤油社長・新沼茂幸＊

政府が二〇一四年四月二十五日に閣議決定した二〇一四年版の中小企業白書によれば、高齢化が進む経営者の後継者不足が深刻になっている実態が明らかになった。白書によると後継者がいないなど、事業を引き継ぐ準備ができていない経営者は六十歳代で約六割、七十歳代で約五割、五十歳代で約四割に上る。自営業者の年齢構成をみると、六十〜六十四歳が最も多く、七十歳以上も過去最高と指摘している。二〇一三年度に休廃業した企業は二万八九四三社に上り、七年前の約一・四倍に増えた（二〇一四年四月二十六日付朝日新聞）。

企業の寿命に関しては従来業歴三十年がターニングポイントとされてきた。創業者が高い経営能力や求心力を発揮し、発展を遂げた企業でも、三十年経過することで経営者の交代を余儀なくされるからである。その際承継に失敗すれば、会社は衰退に向かい、場合によっては倒産に至る。承継は企業が存続するうえで、最重要課題である。

企業の承継問題は、東日本大震災の被災地でより深刻である。私は陸前高田の醤油製造業・ヤマニ醤油の実情を取材した。

三十五歳で代表取締役に就任

陸前高田の取材を続ける中で、友人で盛岡タイムスの記者をしていた大森不二夫からぜひヤマニ醤油は取材した方がよいといわれた。聞けば、盛岡で営業活動を積極的に展開しているという。

早速、盛岡市駅前の北上川沿いに建っているマンションの一室に代表取締役・新沼茂幸を訪ねた。二〇一二年二月のことである。

ヤマニ醤油の創業は明治元（一八六八）年。新沼は四代目である。元々醤油作りは江戸時代から隣町の本家が行っていた。本家は豪農で大豆と小麦が豊富にあったことからそれを原料にして醤油を作っていたという。船で遠路、北海道の小樽まで売りに行くこともあったという。明治元年二男だった新沼善吉が分家の際に願い出て、本家で行っていた醤油作りをはじめることになった。この善吉が初代である。

茂幸には姉が一人いるが、物心ついた頃から自分が会社を継ぐものと思い込んでいた。中学の頃の通称は「ヤマニ」で、後を継ぐ以外の選択肢はなかったという。

高田高校を卒業し神奈川大学経済学部に進学したが、サラリーマンになる気はなかったので、大学時代は遊んで過ごした。就職活動はせずに、卒業後はすぐに郷里に戻ってきた。二代目の祖父が高齢で、父が病気がちだったため、実質的に後継者としてすぐに仕事に取り組み始めた。

正式に代表取締役になるのは一九八〇年、三十五歳の時だ。三代目の父が亡くなったためである。老舗の会社だったが、新沼がヤマニを継いだ時、会社の経営は思わしくなかった。社員一六名を抱え、売上げは約六千万円。しかも、下降線をたどっていた。いきなり、経営危機の修羅場に臨んだのである。

ヤマニ醤油㈱代表取締役・新沼茂幸

このままではいけない。そう思った新沼は、従来の醤油一辺倒からつゆを製造することを思いつく。醤油だけでは売上げの伸びは期待できない。そのことは目に見えていた。

当時は現代のように本格的なつゆはあまり製造されていず、味もよくなかった。醤油の技術を生かせる上に、つゆは新たな設備投資を必要としなかった。醤油にまぜればよいのである。

試行錯誤を繰り返し、新沼はつゆの製造に乗り出した。一九八三年頃のことだ。米崎町にある神田葡萄園からサイダー瓶を譲り受け、当初は健康商品として売り出した。次第に人気が出て、一九八六年頃から急速に売れ出した。

つゆは醤油の混ぜ物であり、そのために醤油メーカはどこかつゆをバカにしていた雰囲気があった。味の良い醤油がまだあまり商品化されていなかったことが幸いした。新沼は料理人に相談し、味には徹底的にこだわった。うまい味ができるまではと、商品化には時間をかけた。

次第につゆの販売比率が高まり、東日本大震災が起こるまでは年間売上げ一億二千万のうち、概算で醤油が六五〇〇万円、つゆが五五〇〇万円と互角の売上げに近づいていた。

ヤマニのつゆは、気仙沼の削り節業者から専用の削り節を仕入れて製造しており、その味には定評があった。

浮き沈みもあった。売上げを伸ばし続けたつゆだが、十年もすると売上げが頭打ちになった。同業他社の参入もあった。新沼はラベルを一新することにした。専門のデザイナーに依頼した。デザインが変わると、売上げは持ち直した。

ヤマニの醤油はスーパーで買うことができない。スーパーから何度か引き合いがあったが、断り続けた。スーパーに卸せば値段がどんどん下げられ、利益が出なくなる。従業員が少ないので、大量生産ができない。何よりも製品の質が下がってしまう。

ヤマニの営業は御用聞きが中心だ。一軒一軒醤油やつゆがなくなりそうな家を訪問して補充してもらう。

幼い頃、富山の薬売りがそうして毎年家にやって来たことを思い出す。近所に会った魚屋もそうした御用聞きをしていた。御用聞き営業は、顧客と直接やり取りする究極の営業である。

顧客と営業マンが顔なじみになり、お茶を振舞われ、話し込むことも多い。そうした顧客が新たな客を紹介してくれる。営業は陸前高田や一関、盛岡が中心だが、顧客の広がりは全国に及ぶ。

遠隔地の顧客には通信販売で対応する。陸前高田が発祥だが、ヤマニのブランドは信用を得て、次第にファンを増やしてきた。

新沼にいわせれば、ひとりひとりの顧客が営業マンの役割を果たしてきたということになる。それだけ、製品が愛されてきたということでもある。

そういうこともあるので、スーパーに卸して安く販売はできない。長くヤマニの製品に親しんできた顧客を裏切ることになるからだ。

ヤマニというのは屋号のようなもので、「ヤマニ」の「ニ」はニイヌマのニなのだという。

だが、新沼は二番目の二なのだと理解している。初代の新沼善吉は跡取りではなく、二男だった。本家から山などの財産をもらって別家になるのがふつうだが、善吉は醤油屋の権利が欲しいと、隣町にあった本家から譲り受けて醤油屋を始めたといういきさつがある。

そのこともあり、新沼は必要以上に表には出ず、地道に商売を続けることを心掛けてきた。

その結果、社員八名で年間売上げ一億二千万円という、小さいながらも優良企業として生き続けてきたのである。

そんなヤマニ醤油を、二〇一一年三月十一日に起こった東日本大震災は打ちのめした。

東日本大震災で自宅と社屋を失う

ヤマニ醤油の社屋・工場は陸前高田市高田町、高田松原から二キロ以上離れた高台にあった。

二〇一一年三月十一日、東日本大震災が起こり、津波が押し寄せた時、社長の新沼茂幸はまさかここまでやって来ることはあるまい。そう思った。

大きな地震の後、津波警報が聞こえてきたが、そうした油断により逃げるのが遅れた。

気が付くと、津波は目前に迫っていた。母親は病弱である。新沼は母親をおぶり、さらなる高台へと必死で逃げた。

母と妻、近くに住む姉とともに何とか逃げおおせたが、八〇〇坪の敷地に建てられた自宅と工場は跡形もなく波にさらわれ、全壊した。

その姿を新沼は、避難した高台から呆然と眺めた。信じられない気持ちでいっぱいだった。

一家は高台にある民家でその日の夜を過ごした。目がさえて眠れなかった。もう終わったな、そう思った。

翌日。まだ余震が続く中、新沼は家族に黙って工場に向かった。やるべきことはやってみよう。そう心に決めていた。

設備が駄目になったことははっきりしていたが、もしかしたら製造レシピが残っているかもしれない。そのことに望みをつなぎながら、必死になってがれきの山を探し続けたのである。

幸いにして、しばらくするとレシピを見つけることができた。台帳も見つかった。台帳には約六千人の住所と名前が記されている。

佐々長醸造に業務提携を依頼

レシピと台帳を手にしたとき、にわかに再建への意欲がわき上がってきた。

御用聞き営業に徹してきたヤマニにとって、台帳は命綱ともいえる存在だ。台帳があれば、営業を再開できる。

削り節を仕入れている気仙沼の業者が大震災の被害を免れていると知ったことも、心を前向きにしてくれた。ヤマニの「ほんつゆ」や「白だし」は気仙沼で獲れたカツオを素材にしている。独特なコクがあり、濃厚な出汁がとれるからだ。

一家は避難所に指定された陸前高田市立第一中学校に移った。一五〇〇人以上が集まってきていて、足の踏み場もないほどだった。生活は不便で、母親の容態はみるみるうちに悪化した。

避難所には、多くの知人・友人がいた。お互いの無事を喜び合った。だれもが、口をそろえて、「ヤマニさん、醤油をまた作るよね、ヤマニの醤油がないと困るんだ」といった。そうした言葉に勇気づけられた。

待っている人のためにも、ヤマニ醤油を何としてでも復活させよう。その思いが次第に強くなった。「伝統とは革新の連続である」、そのことを信条としている茂幸は大震災の危機を新たな創業にしようとした。起業家精神が芽生えてきていたのである。

避難所では携帯電話が通じず、しばらくは外部と連絡がとれなかった。やがて仮設電話機が設置されたが、ひとり十五分と会話時間が制限された。

三月十三日、大震災発生から三日目。新沼は仮設の電話機で真っ先に花巻市東和町にある佐々長醸造に電話した。

業務提携を依頼する電話だった。佐々長醸造の佐々木博社長とは長いつきあいで、気心が知れていた。幸いにして、内陸部の佐々長醸造は被害がなく、工場は稼働し続けていた。

きっと、被災した同業他社からも、同じような電話がかけられるだろう。そう思うと、必死だった。

相手は新沼の無事を喜んだが、何よりも被災してすぐの状態で商売の話を切り出されたことに面食らったようだった。

工場は津波で跡形もなくなったので、醤油やつゆを製造できる設備はない。新沼が佐々長醸造は提携先に選んだのは、まず故郷である陸前高田に一番近かったからだ。また、佐々長醸造が木桶のある蔵元だったことも影響している。現代ではタンクでの大量生産が主流になってきているが、ヤマニはおいしく熟成させるために木桶にこだわって製造を続けて来た。佐々長醸造も昔ながらの木桶にこだわっていたのである。さらに、佐々長醸造では、早池峰の霊水を使用していたことも決め手になった。ミネラル分の多い水は醸造に適した水なのだ。

佐々長醸造は業務提携の話を引き受けてくれたが、新沼は再建までに時間がかかるとみて、従業員八人を解雇し、雇用保険の手続きに入った。

その間、母親の容態はますます悪くなった。新沼はこのままではいけないと思い、第一中学校の避難所から盛岡の病院に入院させた。

その一方、花巻市にある妻の実家に身を寄せた。

会社の再建は大切だが、母親の看病を優先させた。佐々長醸造にはその点を了承してもらった。

しばらくは、花巻と盛岡を往復する日々が続いた。

そうした日々の中で、今後の会社の運営について考えた。

母親の看病を続けながら、会社の再建を図れる場所。そう考えた時、会社の拠点を盛岡に移すことを思いついた。

ヤマニ醤油は盛岡でも長期間営業して来た。レシピと共にがれきの中から探し出した台帳には約六千人の顧客の名前と住所があったが、盛岡には四〇〇人以上の顧客がいた。盛岡なら何とかなるのではないか。

陸前高田は津波で本社のあった高田町が壊滅的な状態になり、生き残った顧客の多くが避難生活を余儀なくされている。当面、陸前高田を本拠地とすることは営業面から現実的な選択ではない。

六月四日、新沼は復興借り上げ住宅の制度（みなし仮設）を活用し、盛岡駅近く、大沢川原のマンションに住居兼営業所を構えることにした。

駐車場代はかかるが、八万円強の家賃は二年間かからない。その間に何とか、会社の再建を軌道に乗せたいと思った。

だが、移転から間もない六月三十日、母親の陽子が病院で息を引き取った。七十六歳だった。

第二の創業

新沼は佐々長醸造が提携を引き受けてくれたことに感謝した。ふつうは同業他社が蔵を貸すことなどあり得ない。蔵にはそれまで培ってきたさまざまなノウハウが詰まっているからだ。

佐々木博社長とは、お互い百年以上続く老舗同士。それ故に佐々木社長には、伝統ある会社を再建したいという新沼の気持ちが痛いほどわかった。

とはいえ、佐々木は当初、新沼がＯＥＭ（相手先ブランドでの製造）を望んでいると思い込んでいた。だが、新沼は全く別のことを考えていた。自らは製造設備を持たず、ヤマニブランドのライセンス供与者になるとの考えである。ライセンスの供与先である佐々長醸造が製造販売を行い、新沼は佐々長醸造からライセンス料を受け取る。

確かに、この方法ならば新たな設備投資のための借金をせずに、ヤマニ醤油を再建できる。

だが、それは同時に、秘密にしてきたレシピを佐々長醸造に公開することを意味する。思い切った決断であり、佐々長醸造との信頼関係なしにはあり得ない決断だった。ヤマニ醤油「第二の創業」である。

新沼は五月、ヤマニ醤油の蔵人だった鈴木靖春に「佐々長醸造で、ヤマニ醤油を復活させてくれ」と電話した。

鈴木靖春はその要請に従い、佐々長醸造の工場に入った。畠山了一製造部長との二人三脚が始まった。最初はとまどうばかりだった。製造設備が違うために、レシピ通り作っているつもりでも、以前のような味が出せない。ヤマニではほとんどの工程が手作業だが、佐々長醸造では機械化が一部で進んでいた。

その最中、新沼は八月末に陸前高田で開催される復興イベントに参加しないかと誘われた。まだ、準備はできていない。そう思い最初は断ったが、「ヤマニさんが出てくれれば、人が集まる」と説得され、参加を決めた。

鈴木靖春は急ピッチで作業を進めた。何とかかつての味に仕上がったのは、イベント開催の前々日だった。

佐々長醸造との二人三脚で完成させた新製品は「天使のしょうゆ」と命名された。ラベルは知人のつてで、「アンパンマン」で知られるやなせたかしがデザインしてくれた。

二〇一一年八月二十七、二十八日の両日、陸前高田の高田小学校で復興イベントが大々的に開催され、二日間で一万七千人が来場した。

私は八月二十八日に参加したが、それこそ黒山のひとだかりで復興への確かなてごたえを感じることができた。

ヤマニ醬油は二日分四〇〇本の醬油をそろえることができたが、新沼は反応が気がかりだった。果たしてヤマニの製品は人々に本当に必要とされているのか。そのことがはっきりするからだ。

心配は取り越し苦労だった。

当日、ヤマニ醬油のブースには開場とともに列ができ、二日間とも二〇〇本が二〇分ほどでなくなったからである。

「こんなにたくさんの人々がヤマニの醬油を待っていてくれたのか」、新沼は感激して復活への思いを新たにした。

アンケートを会場に用意して記入してもらったが、来場者がいかにヤマニの製品を待ち望んでいるか、その思いがあふれていた。

やなせたかしもイラストで協力

新沼は本格的な製造販売に向けた準備を始めた。

まずは、花巻市東和町の佐々長醸造の社屋を借りて、醬油製造と通信販売を行う。

陸前高田には営業所を置き、従来からの御用聞き営業を再開した。これは元社員が担当している。

とはいえ、従来のようなきめ細かい御用聞き営業は不可能なため、ヤマニの製品を扱う小売店を設けた。

「天使のしょうゆ」以外にかつての人気商品「ほんつゆ」「上級醤油」もラインアップに加えることにした。

販売先として、従来の御用聞き営業、通信販売に加え、佐々長醸造と取引のある地元の有力小売店も加えた。

ヤマニ醤油が復活するには、協力者の存在が欠かせない。

二〇一三年に亡くなったやなせたかしも、ヤマニ醤油の復活を待ち望んだ一人だった。

やなせの本を編集している人が陸前高田出身で、ヤマニ醤油を幼い頃に買いに行った思い出をやなせに話した。

他の縁で、やなせは奇跡の一本松のイラストを描いて発表していたが、その編集者はヤマニ醤油の復活がなければ陸前高田の復興はないとやなせに話したという。

その話にやなせは心を動かされた。ヤマニ醤油のために、イラストを描こう。そう編集者に約束したのである。

編集者からその話を聞いた新沼は当初半信半疑だったが、後日本当にイラストが送られて来た。

二〇一一年十一月二十一日、ヤマニ醤油は新製品の発売を開始した。やなせたかしのイラストを貼った「天使のしょうゆ」(その後、しょうゆ天使と改称)、「ほんつゆ」「上級醤油」を市場に出したことで、復活が印象付けられた。

目標は財団を設立し、地域貢献

二〇一五年七月十三日、私は久しぶりに盛岡で新沼と会った。その間何度か陸前高田で会う機会があったが、その後のようすをじっくり聞きたかったためである。新沼は相変わらず、盛岡のマンション(みなし仮設)での生活を続けていた。盛岡での生活は快適で、ここしばらくは盛岡暮しが続きそうだという。

新沼夫妻には子供がいない。最近、後継者がいないために廃業する会社が増えているが、新沼はヤマニの看板をぜひ残したいと思っている。売上げは順調だが、まだ債務がだいぶ残っている。できればあと数年で債務を完済し、その後はヤマニ財団を設立し、社会貢献をしたいと新沼はいう。

新沼は大の本好きで、本を読むことで救われても来た。陸前高田市では津波で図書館が流され今は仮設の図書館があるが、新しい図書館の建設も数年後には実現する運びである。新沼はすでに図書館費用として百万円市に寄付しているが、事業が今後順調に推移すれば、財政面で支えたいという。博物館や美術館に比べると図書館は敷居が低く、コミュニティ空間として皆が集まりやすいとの考えからだ。新沼が愛読しているドラッカーは「私たちが生きる複雑な企業社会では、企業経営者は公共の福祉に対する責任を負わなければならない」と著書で記している。そのドラッカーの教えをぜひ自身も実行したいと新沼はいう。後継者もいずれ、だれかにお願いしようと思っている。

ヤマニ高田営業所では相変わらず、担当者が仮設住宅に住みながら御用聞き営業を続けている。それに加え佐々長醸造での製造・販売、新沼が窓口になっている盛岡事務所と三か所がヤマニの販売窓口になっているが、定番商品である「しょうゆ天使」「ほんつゆ」「白だし」「上級醤油」の販売は順調だ。最近では従来の通信販売に加え、ホームページを充実させインターネットでの販売も開始した。こちらの販売も好調な滑り出しという。

盛岡では川徳、クロステラス、らら・いわてなどでヤマニの商品を取り扱っている。とはいえ、スーパーへの卸は今後共するつもりはない。

被災地にくつろぎの時を―ジャズタイム　ジョニー店主・照井由紀子

陸前高田は東日本大震災による津波で海に近い市街地のほとんどが被災、建物が流され、今なお砂漠のように広大な更地が広がっている。

現在、震災を免れた地域で仮設店舗が営業されているが、新たな中心市街地となっているのが竹駒地区だ。

これは竹駒地区沿いに国道三四〇号が走っていることが影響している。三四〇号は一関市や住田町につながる道路で、被災地支援や復興工事のため多くの車両が行き来している。

竹駒地区に二〇一一年九月、仮設店舗をオープンさせた「ジャズタイム　ジョニー」の照井由紀子だが、従来の店舗からは二キロ以上離れている。

ジョニーは元々、高田町大町にあった。開業は一九七五年で、ずっと夫婦で切り盛りしてきた。由紀子は裏方として調理や清掃などをして、店を支えて来た。

だが、十年ほど前に夫の顕と離婚、夫は盛岡に去り、やはりジャズ喫茶で生計を立てている。

私とジョニーとの縁を結んでくれたのは、東京でフリーライターをしている佐伯修だった。

ジャズタイム　ジョニー。奥にいるのが照井由紀子。

　佐伯は一九五五年東京に生まれたが、魚が好きで大船渡三陸町にあった北里大学水産学部に入学した。陸前高田に近かったこともあり、ジョニーの照井顕・由紀子夫妻と交流を重ねた。大学卒業後はフリーライターとして生活してきたが、たまたま最初の本（『上海自然科学研究所』、宝島社刊）と私の最初の本（『黄瀛―その詩と数奇な生涯』、日本地域社会研究所刊）の出版時期が重なったこともあり（一九九四年）、照井顕は当時編集していた情報誌『気仙ヨミウリ』でふたりの本を同時に紹介してくれたのである。

　照井顕のおかげで、私は佐伯と会うことになり、意気投合して友人になった。お互いに中国に関心があり、話の種が尽きない。私が岩手に移り住むようになってからは、上京するたびに会った。もちろん、ジョニーのことがよく話題になる。

ジャズ喫茶には音楽好きが入り浸るのが常だが、ジョニーには音楽好きのみならず、絵描きや物書き、写真家など広く表現に関心がある人々が集まり、コミュニティを形成していた。ジョニーには人と人とを結びつける不思議な雰囲気がある。

私は十五年ほど前、写真界の芥川賞ともいうべき木村伊兵衛賞を受賞したばかりの陸前高田市気仙町出身の畠山直哉とジョニーで会っている。畠山は賞を受賞したばかりで、かつてはジョニーの常連だった。今は海外で生活している。二〇一五年十一月には、紫綬褒章を受章した。畠山は大震災による津波で実家を流され、大変だったらしい。

大震災による津波で中心市街地の高田町、気仙町の店はあらかた消失した。多くの人々が死者・行方不明者となったが、生き残った人々はかつてのジョニーのような憩いの空間をも失った。

大震災の前も、ジョニーは大変だった。夫の顕から店を引き継いだ由紀子だが、それまでの経理が杜撰だったこともあり、たちまち経営に行き詰まった。

子供たちはすでに独立し、他の地域に住んでいる。慣れないひとりでの生活に加え、経済的な面での苦労が重なり、元々左耳が聞こえなかったが、右耳も聞こえなくなった。

家賃を支払えなくなり、立ち退きを迫られたが、この場所を追われれば生活する術がない。ジョニーの二階に由紀子は住んでいたから、住む場所も失ってしまう。

困っていた時、店の常連で親身になって心配してくれる人がいた。近くで魚屋「みせこ」を営んでいた菅野正夫だった。私の第一中学校時代の同級生・菅野真美の父親である。

菅野正夫の奔走で、何とか立ち退きをせずに済んだ。正夫は大家に交渉してくれたのだった。

その後も苦労を重ねたが、何とか店は軌道に乗り始めた。

その矢先の大震災だった。

二〇一一年三月十一日、由紀子が店内で洗い物をしていた時、激しい揺れに襲われた。かつて体験したことがない規模の地震だった。

車のカギ、懐中電灯、免許証をバッグに入れて外に出た。

やがて、「津波が来るぞ」という声が聞こえて来た。

駅の方向に目をやると、津波が近づいているのが見えた。駅前のスーパー「マイヤ」が呑み込まれ、電柱も倒されていた。

市役所の方向に目をやると、その前に渦が出来ていて、津波に呑みこまれた家屋がぐるぐると回っていた。真っ黒な波が猛スピードで押し寄せて来た。そのようすを見て、恐怖で震えた。

波は次第に水かさが増して、やがて高田松原近くに建っていた「キャピタルホテル一〇〇〇」の窓が見えなくなった。

「振り向くな、走れ」という声が聞こえてきて、由紀子は我に返った。急いで逃げないといけない。そう思った。

幸い店の裏手には本丸公園があり、高台になっている。本丸公園に急いで上った。たどり着いて振り向くと、津波が高田町商店街に襲い掛かっていた。

やがてジョニーの看板が倒れ、津波に呑みこまれた。駐車場に置いてあった白い車がアッと言う間に流されていった。

由紀子は本丸公園の一番高いところまで上ったが、集まっていた人々は少なかった。たったこれだけの人しかいない。多くの人々が津波に呑みこまれたのではないかと心配した。

それから山沿いに歩いて、第一中学校を目指した。途中多くのがれきが散乱していた。第一中学校にたどり着いた後、さらに高台にある鳴石会館を目指した。

鳴石会館には避難して来た人々がたくさんいて、少しホッとした。会館には畳が敷かれていたが、年配の人々が優先だといわれたので、また第一中学校に戻った。その頃には夕方五時を過ぎていた。その日は体育館で一夜を明かした。大勢の人々がいて、足の踏み場がないほどだった。

三月十四日、大船渡に住んでいる息子と嫁さんが迎えに来た。大船渡も被災していたので、嫁さんの実家がある水沢で九日間ほど過ごした。内陸部はあまり被災していず、生活面での不便はなかった。次第に陸前高田の被災のひどさが報道で明らかになっていった。自分だけ安穏としてよいのだろうか。そんな思いにとらわれ始めた。

皆と苦労を分かちあいたい。その思いで、荷物を持って第一中学校に戻った。避難所となっていた第一中学校の体育館は、相変わらず人がひしめいていた。ひとり畳一枚分くらいのスペースしかない。隙間を見つけるのに苦労した。

避難して来た人々は着のみ着のままで逃げて来た人々が多く、神経質になっていた。自分の確保したスペースに他人が入り込むのを拒んだ。

拒んだ相手が後で、知人とわかった。「あれ、由紀ちゃんだったの。そうと知っていたら、隙間に入れてあげたのに」と言った。その頃由紀子は体育館の二階に移っていた。

店のことが気にかかり、近くを歩いてみた。店舗兼住宅は跡形もなくなり、六千枚に及ぶ自慢のレコードも波にさらわれてしまっていた。しばらく歩き回るうちに、割れたレコードを見つけた。

第一中学校での避難生活は苦労の連続だった。当初は食物も十分に手に入らず、トイレにも悩まされた。プライバシーのない生活は苦痛だった。

気が滅入り、ふさぎ込んだ。かと思うと、あふれるように人に話し掛けることもあった。精神が不安定だった。

支えてくれた多くの人々が亡くなった。その人々の面影がまぶたにちらついて眠れない日々が続いた。今でも、由紀子は高田松原の近くを車で通れないのだという。亡くなった人の面影がフラッシュバックするからだ。

中でも大家と交渉して店を続けさせてくれた菅野正夫の死はこたえた。正夫と妻の道子は津波に流されて命を落とした。

三月十日の夕方、正夫が来店してくれた。誰かの葬儀に出た後らしく、黒いネクタイを締めていた。いつも来る時刻よりも早くやって来た。「俺たちが店を守る」、そういって励ましてくれた正夫の言葉が繰り返し、頭の中を駆け巡った。

頭が混乱して、当初は店の再開など考えられなかった。

だが、三月下旬、新聞記者の取材を受けた時、「仮設店舗でもよいから働きたい」、思わずそう答えていた。

自分が元気に過ごしていることを知ってもらいたい。新聞記者の取材を受けた時、そう思った。思いは伝わった。

インターネットで由紀子の現状を知った友人・知人たちがレコードや食器などを送ってくれた。面識のない人から第一中学校気付で励ましの手紙を受け取った時はうれしかった。

久しく音沙汰がなかった佐伯修は、第一中学校気付で手紙を書いた。

自分を必要としてくれる人がいる。そのことを確認でき、由紀子は新たな出発をしようと思った。

七月になり、NPOの支援制度に申し込んだ。

八月七日、横田町の仮設住宅に移ることになり、第一中学校の避難所を後にした。

九月、平屋のプレハブを建てた。カウンター五席、テーブル席十六のこじんまりとした店だ。皆が送ってくれた食器やレコードが新しい店に備え付けられた。友人がボランティアで内装を手伝ってくれた。客の一人がデータ保存していた旧店舗の看板文字をシールにして、店の壁に貼り付けてくれた。

店は再開され、以前の常連客が来てくれるようになった。店のつくりは不細工だが、心はこもっている。そう思いながら、日々を過ごした。

その後、一年足らずでジャズタイム　ジョニーは近くに移転した。やはり仮設店舗である。

現在、陸前高田では急ピッチでかさ上げ工事が行われている。津波で更地になった旧市街地を多くのダンプカーが行き交っている。二年ほど経てば、新たな市街地が形成される予定で、商売をしている人々はどこに新たな店を築くかなどについて、市側と協議を重ねている。

現在の仮設店舗は二〇一七年四月までの予定。いずれ立ち退かなくてはならず、由紀子も新しい市街地に本設の店舗を構えるつもりだ。とはいえ、場所がどこになるかもしれず、人口減少が続く陸前高田で店が経営的に成り立つか。不安もある。

だが、希望がないわけではない。

ある日、ジョニーで初めて会った實吉義正《みよしよしまさ》（陸前高田市観光物産協会副会長）はこう語っていた。

気仙沼では、すでに外部から被災地を見学しようとする人々は減り始めています。でも、陸前高田を訪れる人々は減っていません。私は語り部として、外部から来た人々に陸前高田の被災状況を伝える仕事をしていますが、予定がぎっしりと入っています。

陸前高田に関心を寄せる人々がまだ、大勢いる。そのことを聞いて、私はうれしかった。陸前高田の被災状況がひどかったこともあるが、陸前高田を訪れる人々が減らないのはやはり、関係者の発信能力があったからではないか。そう思った。

東日本大震災で一ノ関と盛（大船渡市）を走る大船渡線は大打撃を受け、気仙沼—盛間が不通になった。線路の復旧は困難で、今は高速バスによる代替輸送が行われている。二〇一四年十月、臨時の停車場だった「奇跡の一本松前」が常設となった。奇跡の一本松を訪れる人々が多いことが一因である。気仙沼からこの停車場で下車し、一本松を見るのがコースとして定着した。私が訪ねた日もずいぶんと多くの観光客が付近を歩いていた。近くには物産館がオープンし、賑わいを見せていた。

たとえ、定住人口が減ったとしても、観光客を確保できれば、地元の商店街は十分に成り立つのではないか。ジョニーは今後共、人と人とが出会う空間として存在し続けることができるかもしれない。

二〇一五年七月三十一日、私はジョニーを訪れた際、友人の佐伯修に携帯で連絡し、途中で照井由紀子にかわってもらった。ふたりが話をするのは三〇年ぶりくらいというが、心はつながっている。共通の友人のことが話題に上った。佐伯の脳裏には、照井夫妻のふたりの子供たちと共に高田松原で過ごした記憶が今もなお、しっかりと刻まれている。

大震災で夫を失う──人気のそば屋、やぶ屋・及川従子

二〇一三年三月二十七日、私は陸前高田に向かった。東日本大震災により、ＪＲ大船渡線（一ノ関―盛間）が被災、気仙沼―盛間が不通になった。陸前高田に行こうとすれば、気仙沼からは車を飛ばすし

かなくなった。

しばらく、そんな状態が続いたが、三月二日より気仙沼─盛間に高速バスが運行するようになり、私は早速高速バスで気仙沼から陸前高田に行くことにしたのである。

陸前高田で下りたが、少し面食らった。仮設の陸前高田市役所前だったからだ。てっきり旧陸前高田駅近くに停留所があると思い込んでいたが、以前の陸前高田駅は高田松原から二キロほど離れた地点にあり、津波で付近は地盤沈下が相当進んだのでそこに停留所をつくるのは無理だったのだろう。人の出入りが多い市役所の前に停留所があることに納得した。

現在大震災から四年半余り経過したが、復興は進んでいない。仮設商店街があちこちにでき、買い物の便が良くなったくらいだ。

仮設商店街が立ち並ぶ姿を見て、盛岡からやって来た新聞記者が「ずいぶん、復興しましたね」と友人の画家・鷺悦太郎に語ったという。その言葉に鷺は違和感を覚えたともいう。

仮設住宅の入居期限が五年に延長されたと鷺は語る。津波で住めなくなった広大な更地に大量の土を入れてかさ上げし、住めるようになるにはあと三年はかかる。しばらくはまだ、「仮設」の住まいから抜け出せないのだ。復興への道は遠い。

迎えに来た鷺とともに、そば店・やぶ屋に入る。その店では、やはり第一中学校の同級生だった菅野真美が働いている。

十一時半を過ぎたばかりだというのに、五十人ほどが入れる店はほぼ満員で、私たちは空いていた座席にぎりぎりで座ることができた。

その後も、ひっきりなしに客が入ってきて、座席が空くのを待っている。第一中学校のすぐ近く、二〇一二年四月二十四日に仮設店舗（栃ヶ沢ベース）でオープンしたやぶ屋は、とても繁盛していた。ほぼ満席の状態が閉店する午後三時近くまで続くのだという。陸前高田には、まだあまり飲食店が営業していないために、余計混んでいるのかもしれない。

元々やぶ屋は陸前高田に住む人々にとってなくてはならない店の一つだった。私は一九九九年十二月三十一日の夜遅く、鷺、菅野真美、村上美津夫という第一中学校の同級生とともにやぶ屋で年越しそばを食べたが、その時も店内は人でいっぱいだった。

高田町にあった店舗は一階、二階を合わせれば百人以上は収容できたであろう。陸前高田を代表するそば屋である。

だが、二〇一一年三月十一日、大震災により引き起こされた津波は容赦なくやぶ屋をも襲った。

二代目の店主・及川信雄が流され、亡くなった。七十歳だった。結婚から四十五年、一緒に店を切り盛りしてきた妻の従子《よりこ》は途方に暮れ、しばらく呆然と避難所で過ごした。

やぶ屋の創業は昭和三十六年。信雄の父親が店を開いた。創業当初はやはり高田町にあった魚屋「みせこ」の一部、一間半くらいを借りて営業した。

及川従子はみせこの主人・菅野正夫の妻、道子の妹だ。菅野正夫・道子夫妻の一人娘、真美は私の第一中学校の同級生である。つまり、従子にとっては、真美はめいになる。真美は大震災で両親と仕事を失ったが、そんな関係もあり、仮設で営業を始めたやぶ屋で働き始めていた。

かつてやぶ屋は創業以来順調に繁盛し、従業員十人ほどを抱えるまでになった。味の良さが評判になり、大船渡や気仙沼からも客が通っていた。気仙地方を代表するそば屋として成長を遂げたのである。中でも、天ぷらそばや天ざるが人気だった。天ぷらを揚げるのは亡くなった信雄の役目だった。

仮設店舗が再開できたのは、三代目の雄一がいたからだ。雄一は幼い頃から、自分が店を引き継ぐものだと思い、育ってきた。高田高校から岩手大学農学部に進学したものの、三年で中退。以後は父親の信雄の下で仕事に打ち込んできた。

とはいえ、店は父親のものだった。黒のそば粉にしようとしたが、白でよいという父親の意見を変えることができなかった。味を決めるのも信雄だった。やぶ屋は父の店だ。そんな思いを抱きながら、働いてきた。

二〇一一年三月十一日。従子は義母を歯医者に連れてゆく途中、大震災に見舞われた。店にいったん戻ったが、「逃げたほうがよい」と信雄にいわれ、義母と共に逃げたが、信雄は逃げ遅れ、津波に呑まれた。予想より早くに津波が襲ってきたのだった。

店舗の近くにあった自宅も流され、従子は生活の術を失った。

従子には昭和三十五（一九六〇）年に起きたチリ地震津波の記憶があった。従子は十八歳だった。あの時も津波は堤防を越えてやって来た。その時のことを思い出して、懸命に逃げた。

信雄の遺体はあまり日が経過しないうちに見つかった。水沢の寺で、身内だけの供養をした。

雄一は大地震に見舞われたその日、物を取りに自宅に戻ったが、余震が続いたため、すぐにその作業をやめ、車に飛び乗った。

津波が自宅に迫ってきていて、危機一髪無事だった。幸い、妻と幼稚園に通う二人の子供も無事だった。

雄一の母・従子は十二月に大腸の手術をしたばかりの義母の容態が気になったので、津波から逃れた後、すぐに希望ヶ丘病院に行った。ベッドが幸い空いていたので、その日は病院に泊まり込んだ。

希望ヶ丘病院は避難所にもなっていて、従子は四月十二日までそこで過ごした。義母はやがて、内陸部にいる夫の親戚に引き取られた。

従子は四人姉妹だったが、そのうちの二人を津波で失った。一人残った札幌に住む妹は病気がちだっ

やぶ屋、いわ井、木村屋が入っている栃ヶ沢ベース。

たが、七月二十日に息を引き取った。夫に加えて、姉妹すべてを亡くした従子はしばらく、何も手につかなかった。

一方、雄一は第一中学校の避難所で過ごしていたが、店の再開に向けて動き出した。

五月の連休に開かれた朝市には、早速店を出した。朝市は岩手県中小企業同友会が主催したもので、竹駒町にある高田ドライビングスクールの敷地内で五月一日の朝十時から開催された。

まだ被災して間もない中、今後も陸前高田で営業を続けたいと願う二十社ほどが出店した。

やぶ屋は朝市に出店し、自慢のそばを提供することで老舗としての存在感を示した。

七月になると、雄一は仙台へと車を飛ばした。製麺機を捜すためで、再開に向けた歩みを加速した。

八月二十七・二十八日に開催された復興イベントに出店し

た結果、大勢の人々がやぶ屋の再開を待ち望んでいることがわかり、励みになった。

私もそのイベントに参加し、行列に並んだ一人だった。冷やしたぬきうどんを食べたが、とてもうまかった。二日で二百食がさばけた。

これからは好きにやりたい。父親に負けないうまいそばを提供したい。俺の代でそばがうまくなった。そう客に言わせてみたい。父親が亡くなったことで、雄一に三代目の自覚が出て来た。

店舗では私が天ぷらそば、鷺が天ざるを食べたが、確かにうまかった。繁盛するのは当然という気がした。

菅野真美は次から次へとやって来る客の応対に忙しく、話をする余裕がなかった。週に一度ある休みは、十分に眠り疲れをとるのだという。毎日必死に働いているその姿が目に焼き付いた。

やぶ屋は繁盛を続けている。

本設で復興を遂げた―おかし工房木村屋店主・木村昌之*

＊http://www.okashi-kimuraya.sakura.ne.jp/

気仙町で菓子店を経営していた木村昌之を紹介してくれたのは、第一中学校の同級生・鷺悦太郎だった。木村屋は一九二六年創業の老舗で、昌之は三代目である。

とはいえ、私とは縁があった。木村屋の「雁月」や「気仙ゆべし」は二〇一五年二月十二日に亡くなった母トシの大好物で、よく店から直接取り寄せていて、その味には長くなじんできたからだ。

昌之の母は私の母の高田女学校（現高田高校）の二年先輩で、母は「たかちゃん」と呼んでいた。「たかちゃん」は元県立博物館館長の金野静一夫人と同級生で、金野家でも木村屋のおかしは定番だった。陸前高田の人的ネットワークはとても強いのだ。

二〇一一年八月二十七・二十八日の両日、復興イベントが高田小学校で大々的に開催された。私は八月二十八日のイベントに参加したが、私は木村屋からせんべいを買って帰った。

木村屋とせんべい、その組み合わせに少し違和感を覚えたが、昌之の話を聞くうちに納得した。木村屋では大震災が起こるまでずっと、夫婦と母親、従業員五人で本店と支店ひとつを切り盛りしていた。大震災による津波で、どちらの店も流された。

幸いにして、家族は無事だった。昌之らは逸早く、高台にある諏訪神社に逃げた。すでにそこには、百人ほどが集まって来ていた。

外に出て焚火をして、暖を取った。まだ三月上旬で、春の気配は感じられなかった。

翌日けもの道を通り、月山神社に避難した。月山神社は避難所となっていて、そこで一月あまりを過ごした。

陸前高田では当初、日用品も十分に手に入らなかった。そのため、つてを頼り、奥州市に移った。内陸部は被災の程度が軽く、生活はしやすかった。

とはいえ、近所には菓子屋が何軒もあり、この場所で菓子屋を再開することは困難に思えた。奥州市岩谷堂は羊羹が有名で、菓子作りが盛んな土地柄だ。よそ者が入り込む余地はなかった。

やはり、陸前高田で店を再開したい。そう思い、陸前高田に戻った。

やがて、コンテナ型の菓子製造器を提供してくれる人が現れた。

埼玉県草加市はせんべいで有名だが、その縁でせんべいを焼く機械を提供してくれる人がいた。そこで、暇を持て余していた高齢者を雇い、せんべいを焼き始めた。私は復興イベントでせんべいを買ったのは、その時期だった。

だが、せんべいは性に合わなかったようだ。せんべい作りにもそれなりにノウハウがあり、作るのは難しかった。それと、顧客が以前の木村屋の味を求めているとわかった。やはり、これまで追い求めて来た味を追求しようと思った。

そのことを基本としながら、これまで試してこなかったバウムクーヘン作りに挑戦した。

二〇一二年五月三日、親戚の土地を借りて、高田町に仮設商店街栃ヶ沢ベースをオープンさせた。その目玉は、新しく考案した「夢の樹バウム」だ。高速で回転する窯で焼き上げることで生地が伸び、独特の凸凹ができた。遠紫外線でじっくりと焼くので、手触りが固く、中はしっとりとした歯触りだ。

その仮設店舗が軌道に乗り、二〇一五年三月中旬、木村屋は陸前高田市庁舎前に、本設の店舗を構えることができた。地元の他、市外からも客が来て順調な滑り出しを見せている。

江戸時代から続く老舗の十二代目、器・和雑貨・地酒　いわ井*店主・磐井正篤

* http://www.i-wa-i.jp/

雑貨や地酒などを扱う「いわ井」は、やぶ屋、おかし工房　木村屋の隣、高田町にある仮設商店街栃ヶ沢ベースの真ん中にある。

店主の磐井正篤は十二代目という。江戸時代延享年間（一七四四―一七四八）までさかのぼれる老舗なのだ。先祖は今の一関市花泉町の周辺の出身で、後に陸前高田に移り住むようになった。飾り職人や酒の売買などを生業にしてきた。明治時代になってからは造り酒屋で、後にそうした造り酒屋が集まって陸前高田を代表する酒造会社・酔仙が作られた。そういった背景があり、店では地酒を扱っている。ヤマニ醤油の新沼茂幸は高田高校の同級生でもあり、ヤマニ醤油の製品も置いている。

磐井はかつて、消防団の仕事をしていた。だから、二〇一一年三月十一日、津波が松原の堤防を越えたと知り、慌てた。防災無線の絶叫振りがただならぬ状況を伝えており、磐井は急いで本丸公園の高台に避難した。高台からは、荒町商店街の電信柱が倒れるのが見えた。高田町にあった店舗は押し流され、街全体が跡形もなくなった。

しばらくは呆然として過ごした。酒や酒にまつわる器具を売るのが商売の中心だが、果たして酒は人にとって必要だろうか。酒などなくてもよいのではないか。自分の商売は世の中に必要とされていない。そうも思った。

だが、地元の建設業者の一言でそんな考えが変わった。大震災後、地元で建設業を営む人々は自発的にがれきの撤去を行っていた。何か、自分にできることはないか。そう思い、がれきの撤去を続けたのである。その努力の結果逸早く自動車道は通れるようになったのだが、がれきにまじり死体がたくさんあって、その処理が大変だった。そのひとりが磐井にこう言ったのだ。「磐井さん、酒はないか」。磐井は驚いた。その人が下戸、ふだん酒を飲まない人だったからだ。酒を飲むことなしでは、こんな仕事を続けられない。彼はそうも言った。

そうか。酒はやはり必要なんだ。世の中で降りかかって来るさまざまな悲しみ、それを酒を飲むことで一瞬でも忘れられるのなら、酒を売る意味もあるのではないか。磐井は商売を再開する決意を固めた。

かさ上げ工事が進む高田松原周辺（2015年8月）

その間、赤十字の運び込みのアルバイトをして生活を支えた。やぶ屋の及川雄一も一緒になって働いた。

支援してくれるNPOがあって、竹駒町に仮設店舗を構えた。ジャズタイム　ジョニーなどと共に、商売を再開した。

やがて、親しくしていた、おかし工房木村屋の木村昌之から親戚がスペースを貸してくれるから一緒にやらないかと誘われた。

木村は避難所のリーダーだった。それが実現したのが栃ヶ沢ベースである。一緒に入るなら気心の知れた人がいいと思い、やぶ屋の及川雄一を誘い、三軒でスタートすることになった。二〇一二年五月三日のことだ。

現在、陸前高田ではかさ上げ工事が真っ最中で、二〇一七年春には工事にめどがつく予定だ。そうなったら、市役所から土地を借りて店を出す計画という。

磐井は陸前高田の街づくりにも関わっている。高田松原がない陸前高田は観光客を得るのが難しい。そう私は水を向けると、高田松原を人工ビーチにして復活させる計画があると話してくれた。ハワイのワイキキビーチは人工の砂浜という。人工でもよい。高田松原が復活してくれたら、私はそう思った。

第三章　死者を悼む

従兄佐々木正直

二〇一一年三月十一日に起こった東日本大震災は多くの死者・行方不明者を出した。陸前高田は岩手県で最も多くの犠牲者を出した街である。人口が約二万四千人の街で、死者・行方不明者が約一八〇〇人に達した。陸前高田に縁のある人で、親戚や友人が犠牲にならなかった人は一人としていないだろう。私自身、二人の従兄と第一中学校の同級生六人を失った。

私が生まれたのは母親の長姉である佐々木トキの家で、住所は陸前高田市高田町森の前である。周辺は津波により家がすべて流され、更地になったままだ。

伯母と一緒に住んでいた長男の正直《まさなお》は左官をしていたが、津波にさらわれて亡くなった。無事だった弟の茂雄も左官で生計を立てていたが、たまたまその日は仕事を休んでパチンコをしていて助かったという。

二〇一一年三月十一日、パチンコ店にいた茂雄はいきなりの大地震に驚き、急いで車で実家に行き、母親であるトキを車に乗せ、高台にある第一中学校に向かった。仕事に出ていれば、津波に呑みこまれたかもしれない。偶然がふたりの命を救った。

行方不明となった正直の遺体はなかなか見つからなかった。

私が正直に最後に会ったのは、六年ほど前の夏。一ノ関駅でばったり顔を合わせたのだ。母親のトキが病気がちだったため、シゲ子は千葉県四街道からたびたび陸前高田に見舞いに来ていた。正直は妹のシゲ子を迎えに来るまで一ノ関駅まで来ていたのである。

暑い日だった。私は盛岡での用事を済ませ、一関の自宅に戻る途中だった。改札口で私の姿を認めた正直は「帽子かぶれよ」とぶっきらぼうに言った。私は「そうだね」と言って、そのまま別れた。暑さで具合が悪くならないか気遣ってくれただろう。帽子をかぶる気はなかったが、気遣いがうれしかった。

大震災から三か月後の六月、正直の遺体は見つかったが、その頃はまだ遺体が見つからない人が多くいた。

「遺体が見つかって納骨できただけでもよい方だ」、と弟の吉田三郎は言った。三郎は米崎町で養鶏をして生活している。私は七月中旬に会ったのだが、七月二日に正直の納骨を終えたばかりという。母親のトキが四街道の警察でDNA鑑定に協力したが、それが決め手になり、正直の遺体が発見されたのだ。

三郎は大震災後、来る日も来る日も避難所や遺体安置所を訪ねたが、正直の遺体を発見できなかった。その遺体は大震災発生一月後には発見されていたが、遺体の損傷が激しく、本人確認ができなかった。やむなくDNA鑑定に頼らざるを得なかった。

大震災当日、正直は仲間と共に仕事に出た。その同僚は地震発生後陸前高田駅前の自宅に戻り、家族と共に無事に逃げることができたのだという。

だとすれば、正直も逃げることができたはずだ。なぜ、逃げなかったのか。

「チリ地震の時も津波は来たが、これほどではなかった。油断があったのだろう」、そう三郎は指摘する。

一九六〇（昭和三十五）年、チリ地震の際に津波が陸前高田を襲った。その時に津波は堤防を越えてきたが、陸前高田駅の近くで勢いが弱まった、という。高田松原から陸前高田駅までは一キロ以上ある。駅から森の前の自宅までさらに五〇〇メートル以上ある。正直は一度は自宅を目指したと推測されるが、まさか一六メートルを超える津波が自宅まで到達するとは思いもよらなかったのだろう。

津波は市街地西部を流れる矢作川を遡上し、山間部まで達する勢いだった。車やコンテナを流しながら、津波は三郎が住んでいる米崎町にある自宅近くまで達した。

三郎は家屋がきしむ音を聞きながら、高台へと避難した。近くを走っている国道四五号線が防潮堤の役目を引き受けてくれて、幸いにも三郎の自宅は流されずに済んだ。「四五号線を境にして向こう側の家はすべて流された」、と三郎は指さしながら語ってくれた。

「正直さんとは五，六年前から同級生五、六人で月に一度くらい集まり、カラオケをやっていました」

そう語るそば屋「やぶ屋」の及川従子は、正直の中学時代の同級生だった。

そのことばに、故人の隠された一面を見る思いがした。私には、正直がカラオケで歌う姿を思い描くことが出きなかったからである。

くも膜下出血で妻を亡くしたのはもう、二十年以上も前だろうか。息子二人は遠くで働いていて、家にはいない。弟の茂雄は近くで別の家に住んでおり、母トキとの二人暮らし。そんな日々の気晴らしが高田松原の近くにあった「カラオケクレヨン」でのカラオケだった。正直は昔の歌だけではなく、新しい歌を好んで覚える熱心さだったという。

「私が一曲歌ううちに、正直さんは五曲も六曲も歌っていました。ふだんは無口なのですが、カラオケをしている姿は本当に楽しそうでしたよ」、及川従子は正直の思い出を語った。

その話を聞いて、私は救われた気になった。こうした思い出を語る友人がいたことがうれしかった。

従兄佐々木博敏

東日本大震災で、私はもうひとり従兄を亡くした。私の母のすぐ上の姉・佐々木道の次男・佐々木博敏である。

伯母の佐々木道は雑貨屋「丸竹」を商っていて、私は小学生の頃よくその店を訪ねたものだが、だいぶ前に店は閉じてしまっている。

自宅は高田小学校の裏、中和野の高台にあったため、幸いに津波の被害から免れた。津波は高田松原から北に二キロほど離れている自宅近くの小川を遡上して押し寄せ、家のすぐ前で止まったという。

津波の犠牲になった佐々木博敏は五十七歳で亡くなった。

陸前高田に戻って来たのは、一一年ほど前。それ以前は北上市で整骨院を開いていたが、故郷に戻り、整骨院「たんぽぽ」を開業した。子供はいない。

七、八年前からはデイサービスも行うようになり、陸前高田駅近くにあった店はお年寄りを中心とする利用客でにぎわっていた。

私の第一中学校の同級生・菅野真美もその一人で、母親を連れてたんぽぽに通っていたという。菅野真美の両親は共に、津波に呑まれて亡くなった。

パーキンソン病を患っていた母親を連れてタンポポに通った真美は、とても親切でやさしかったと博敏を述懐する。

生き残った博敏の妻みわ子の話によると、三月十一日、博敏は妻や従業員を先に逃がし、自身は逃げ遅れたのだという。

大震災後、遺体を捜したが、なかなか見つからなかった。

その間、母親の道は「交通状態が悪いため見つからないが、どこかに逃げているのだろう」と思った。

いや、そう思いたかった。

　前日の三月十日、道は博敏に会っている。その時、博敏は「お母さん、無理しないでね。元気で長生きしてください。お母さんの煮しめが楽しみです」と言って別れたのだという。気持ちの優しい子だった。まさか、その日が最後になるなんて思いも寄らなかった。

左より矢野宏、佐々木道、筆者（2011年7月16日、撮影：栗原佳子）

　その時の博敏の言葉が今もときどきよみがえる。まだ、息子が死んだことが信じられない。長く博敏と連絡が取れなかった。眠れない日々が続いた。
　避難所を訪ねまわり、博敏の行方を捜したが、ついに探し出せなかった。不明のままではかわいそうすぎる。そう思い、遺体安置所も訪ねた。
　一月半も経つと、遺体の損傷がひどくなり、遺体を見ての確認は困難になる。

やむなく、ＤＮＡ鑑定を依頼した。

五月二十八日付、妻みわ子は佐藤トシ（私の母）宛の葉書で、「博敏さんはＤＮＡ鑑定待ちです。いま普門寺にお骨が安置されています。その普門寺はつつじが満開と東海新報は伝えていました。古川沼はなくなって、キャピタルホテル一〇〇〇まで海が来ています。海と貝のミュージアムは建物が残っています。この近くで、博敏さんはみつけて貰いました。飼っていた大型の犬は一緒にいたと思うのですが、酔仙酒造の敷地で見つかりました。私は仮設住宅に入れました。何とか生きてゆこうと思っています。おば様もどうぞお体をお大切になさって下さい」と近況を報告して来た。

やがて、衣類などから「それらしい人がいる」という連絡が入った。顔や身体からは特定できず、ＤＮＡが決め手になった。

六月四日、「一致しました」という連絡があった。

大震災から二か月近くが過ぎていた。身元がわかってほっとした気持ちと、やはり亡くなったんだという諦めの気持ちが入り組んだ精神状態だったと道は言う。

私は大阪からやって来たジャーナリストの友人、矢野宏と栗原佳子と共に中和野の自宅で道の話を聞いたが、その時自宅の仏壇には白木の箱が置かれていた。葬式はまだ済んでいなかったが、七月末身内だけのささやかな葬式が営まれた。

どうして親より先に死んでしまったのか。逆縁に遭った悲しみに、時々思い出しては涙ぐんだ。どうして夫を守ってくれなかったのか。胸が張り裂けそうになり、連れ合いのみわ子を恨んだこともあった。

これは天命だ。もって生まれた運命なのだと自らを慰めながら、高ぶる気持ちを鎮めた。

納骨を済ませた今、道は息子の分まで生きる。百歳まで生きてやるという気概で日々を過ごしている。

それでも、時々博敏が夢に出て来る。にこにこして、「お母さん、来年また花見をしましょうね」と言ってくれるのですよと、道はいう。亡き息子との対話は今後も続いていくに違いない。

博敏の死後、妻のみわ子にも辛い日々が続いた。生活の問題もあり、生き残った仲間と共に何とか、たんぽぽを再開しよう。そう思い、模索を続けた。

だが、夫を失った悲しみが大きすぎたのかもしれない。元々身体は丈夫でなかったが、次第に体調不良を訴えるようになり、大震災発生から一年半後、病死した。

みわ子の死は、大震災の死にはカウントされない。だが、明らかに大震災が引き起こした関連死だ。

大震災は、多くの死者・行方不明者を出したが、生き残った人々にも不幸をもたらし続けた。

それは今も続いている。

伯母佐々木トキ、従兄佐々木茂雄

二〇一四年一月二十七日、母方の伯母・佐々木トキが千葉県四街道で亡くなった。九十五歳だった。NHKの連続テレビ小説「あまちゃん」では、久慈市周辺の方言「じぇじぇじぇ」が流行語となった。驚きを表現するときに発することばだが、陸前高田など気仙地方では「ばぁばぁばぁ」という。私が母の実家を訪ねた際、トキおばさんはいつも「ばぁばぁばぁ」といって歓待してくれた。そのことが思い出される。

二〇一一年三月十一日、東日本大震災が起こった。その一年ほど前に、トキは原因不明の病気で入院したことがあった。だが、いきなりの地震である。息子茂雄の車で、高台にある第一中学校に避難したものの、着の身着のままの状態で、服用中の薬を持っていくことにまで頭が回らなかった。

茂雄とトキは二日ほど顔見知りの家に泊まることができたが、やがてその家には親戚が大勢やって来たため、このままいられなく思い、やむなく第一中学校に戻った。

避難所となった第一中学校には、一五〇〇人を超える人々が集まって来た。やがて、化学実験室に本部が置かれ、体制は整備されていったが、電気がなく、水や食料が不足する生活が続いた。風呂には入れないし、医者にもかかれない。薬も満足に手に入れることができない。中でもトイレには困った。高齢ということもあり、トキはトイレが近い。トイレに連れてゆくたびに、周りの人々に気をつかわないといけなかった。

そうした状況の中で、命を落とす人が高齢者を中心に相次いだ。息子茂雄と一緒とはいえ、病気持ちの九十三歳、トキには過酷な環境だった。茂雄は電話で千葉県四街道に住む姉のシゲ子に助けを求めた。母親の健康を心配したシゲ子は結婚して近くに住む長女・絹子を迎えにやることにした。絹子は三月十九日、単身で夜行バスに乗り、まず盛岡に向かった。それからバスを乗り継いだりして、花巻空港に到着。花巻空港からタクシーで陸前高田に向かった。

第一中学校の避難所では、憔悴したトキと茂雄が待っていた。すぐにタクシーに乗せ、共に花巻空港に戻った。だが、あいにく羽田への便は満席で取れなかった。絹子は横浜に住む妹の早苗と連絡を取り、秋田空港から羽田へ向かうチケットを確保。秋田空港に向かった。

花巻空港で絹子を乗せたタクシーの運転手は陸前高田の惨状を見て、同情してくれた。親切にしてくれたばかりか、五万円をメーターが示した時点でメーターを下した。普通なら八万円はかかっただろうと思われる。運転手の気配りに感激した絹子は、無事に皆が四街道に到着した後、タクシー会社に感謝を伝える手紙を書いた。

トキは秋田空港から、初めて飛行機に乗った。具合が悪くなり、「もう飛行機に乗るのはこりごり」と話していたという。

故郷陸前高田が壊滅したために娘の家に身を寄せたが、かつてのような隣近所の付き合いがあるわけではない。茶飲み友達がいるわけでもなく、退屈な日常が待っていた。孫が揃えてくれた「水戸黄門」のＤＶＤを見るのが唯一の楽しみだった。ただし、東野英治郎の主演した水戸黄門でないとだめだという。

それでも、トキが無事だったお蔭でよいこともあった。長男の正直が津波で流され、行方不明になっていたが、その身元が判明したのである。

四街道にやって来て、三か月を過ぎた頃だった。ラジオで、これからは遺体の捜索は打ち切り、ＤＮＡ鑑定になりますとの知らせを聞いたシゲ子はすぐに、岩手県警に電話して母親のＤＮＡ鑑定を依頼した。

驚いたことに、その日の夕方千葉県警の巡査ふたりがやって来て、トキのＤＮＡを採取に来た。それからほどなく、トキのＤＮＡに近い遺骨があるとの連絡が入った。

さらに確証を採りたいので現地に親族はいますかと問われ、陸前高田に残っている次男・吉田三郎のＤＮＡが採取された。検査の結果、長男正直の遺骨が二七三番の遺骨と判明したのである。

正直の一周忌の際、シゲ子はトキを連れ花巻温泉で宿泊後、菩提寺である陸前高田の浄土寺に向かったが、トキは「おまえの仏守りに生かされたからね」と言いながら、一生懸命拝んでいたという。

浄土寺の墓地。陸前高田はかさ上げ工事の真っ最中だった。(2015年8月19日)

一周忌を終えてからしばらく、トキは元気を取り戻したように見えた。だが、次第に体調を崩すようになり、入退院を繰り返した。在宅看護で母をみとることを決め、訪問ドクターを手配した。

亡くなる半月ほど前から、しきりに「高田に帰りたい、帰りたい」と口癖に言うようになった。そのことが、シゲ子には不憫でならなかった。

せめて、葬儀は故郷で執り行おうと陸前高田で行えたことは幸いだった。

二〇一五年五月十六日、トキと共に四街道に避難していた従兄の茂雄が盲腸ガンで亡くなった。六十三歳だった。

茂雄は四街道に移ってから一年後にガンと診断され、闘病を続けて来た。症状は一進一退を繰り返したが、茂雄は再び陸前高田に戻りたいと、災害復興住宅の申し込みをしていたという。

シゲ子の話では、母親のトキが亡くなったから元気がなくなったようだとのことだ。亡くなる一月ほど前、私は千葉市の病院に見舞いに行ったばかりだった。本人は死を覚悟し、淡々としていたが、陸前高田に戻ることができず、さぞ無念だったことだろう。

トキと茂雄のふたりは住民票を移さず、陸前高田市民として生を終えた。このふたりの死も震災死にはカウントされないが、大震災により死が早まったことは確かである。大震災関連死といえるのではなかろうか。

ふたりは今、小高い丘のある浄土寺の墓地で、津波で犠牲になった長男正直と共に静かに眠っている。

月命日に思う

二〇一四年八月十一日。東日本大震災から三年五か月、月命日の日に私は母トシと共に陸前高田を訪れた。亡くなった伯母や従兄の墓参りが目的である。

東日本大震災により線路が破壊され、大船渡線（気仙沼―盛間）は高速バスによる代行輸送が行われている。陸前高田仮市庁舎のすぐ近くにできた、新しい陸前高田駅に、従兄の佐々木恵一が迎えに来てくれた。恵一の弟・博敏は津波にのまれ、生を閉じた。そのお悔やみを兼ね、伯母の佐々木道宅を訪れた。

母は大震災以来、一変した陸前高田の姿を見たくないと陸前高田に行くのを拒んでいたが、トキの墓参りを兼ねるということでやっと重い腰を上げた。

すぐ上の姉との再会、長姉の墓参りを終えた母は満足そうだった。とはいえ、陸前高田は現在、かさ上げ工事の真っ最中で、たくさんのダンプが行き来し、殺風景な姿をさらけ出していた。

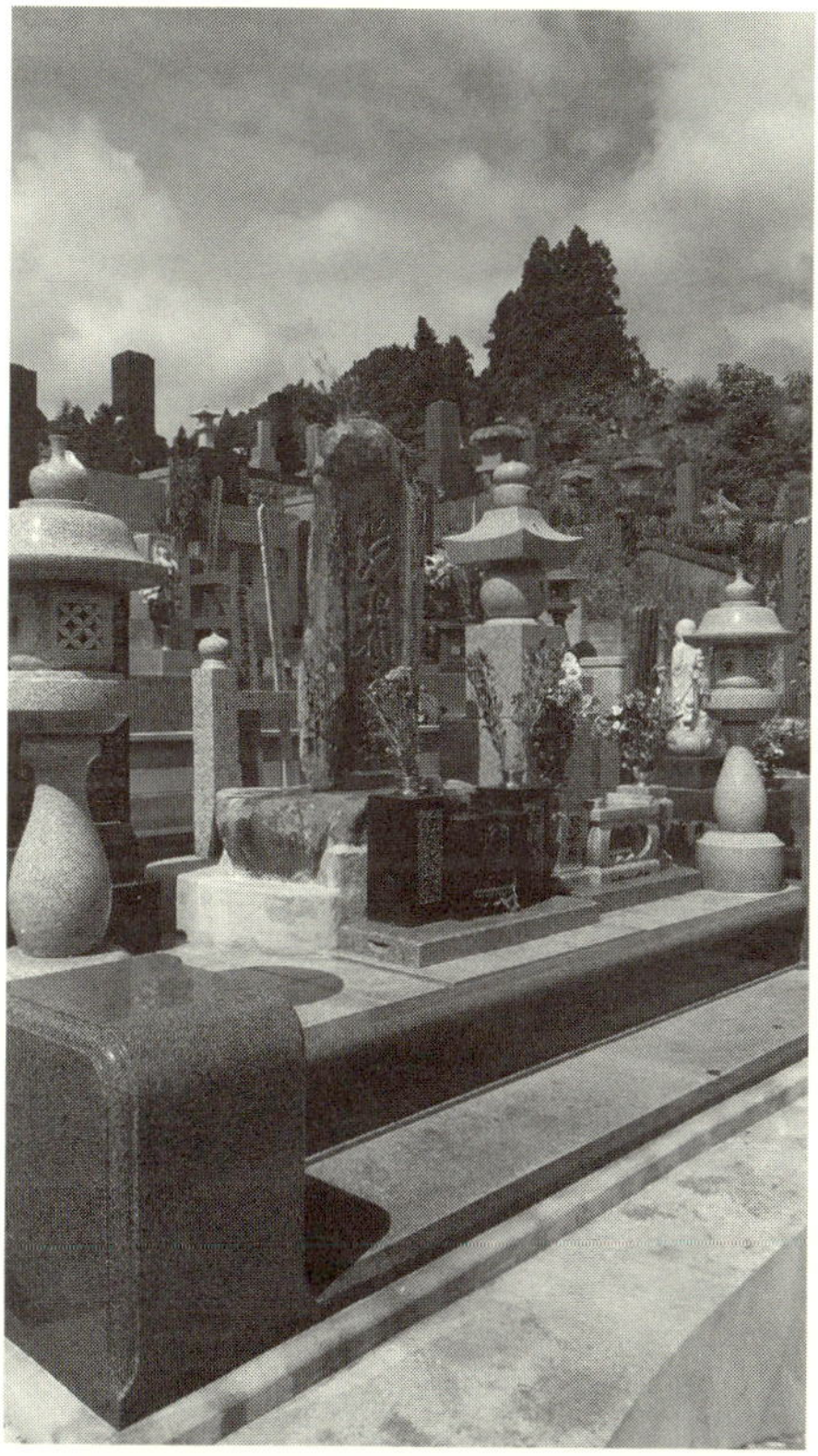

佐々木トキ、正直、茂雄が眠る墓地（浄土寺）

その姿を見て、母は「すっかり変わってしまったねえ」とため息をついた。母にとって陸前高田はかけがえのない故郷である。その故郷がすっかり様変わりしたことを認めたくないようすだった。

母より三歳年上の道は八十六歳。頭はしっかりしているが、膝が悪いため、思うように歩けなくなった。歩く機会も激減した。

陸前高田市の中心市街地だった高田町はそのかなりの部分を津波で飲み込まれ、多くの人々が犠牲になった。幸い道が住む中和野は高台にあり、被災を免れたが、すぐ近くまで津波が押し寄せて来たという。

道にとって、月に一度、気のおけない女学校時代の友人たちと会食するのが何よりの楽しみだったが、友人の多くが津波の犠牲になった。生き残った人々も高齢で、息子や娘の家に引き取られ、近所にはほとんど話ができる友人がいなくなった。そのことが寂しいと語る。

一時間ほどして、従兄の吉田三郎が迎えに来て、母方の菩提寺・浄土寺へと向かう。浄土寺は高田松原から二キロ以上離れているが、津波で本堂以外失われた。

少し高台にあったために、浄土寺の本堂はかろうじて残ったが、他の平地にある寺院の中には津波ですべて失われ、再建できない寺もある。本堂を再建するには土地を含め、数千万円かかる。過疎化が進み、檀家の数が減り続けている陸前高田の寺にはそんな経済的余裕はない。

坂道を上り、墓地を目指す。高台にある墓地からはかつての市街地を見ることができるが、だだっぴろい更地が広がるばかりで、山を切り崩す重機の姿が目立つ。千葉県四街道の娘の家に移り住み、昨年十二月に亡くなった伯母のトキ、津波に呑まれ亡くなった従兄の正直が眠っている先祖代々の墓で手を合わせる。月命日のためか、ほかにも墓参りに来ている人々が結構いる。

「おふくろは四街道に移ったから、長生きできたんだ」、そう三郎が語る。

東日本大震災以前、すでに陸前高田など沿岸地区では医師不足が問題となっていたが、大震災は何とかやりくりしていた医療を機能不全にした。

県立高田病院は大震災で破壊され、医師がいず、薬が十分でないために命を落とす人が続出した。仮設の高田病院がやがて動き出したが、あくまで仮設である。医師も看護師も不足しており、十分な医療を受けるには大船渡病院にまで行かないといけない。大船渡病院にしたところで、似たような問題を抱えている。本設の高田病院がいつどこにできるのか、まだその青写真さえ描かれていない。

母佐藤トシ

二〇一五年二月十二日、母トシが八十四年の生涯を閉じた。二月九日に誕生日を迎えたばかりだった。一月十七日に肺炎をこじらせて入院、一時回復したが、敗血症を発症し多臓器不全で力尽きた。それまで健康で、病気らしい病気をしたこともなく、健康で過ごしてきた。それだけに私にとっては不意打ちの死で、私はまだ呆然とした日々を過ごしている。

水と空との連なれる
高田の海の　八重の汐
轟ろとひびく　松原に
はまなすの花　ほの赤し

母が通った高田女学校（現高田高校）の校歌である。私は中学校まで陸前高田で過ごしたが、一関の高校に通った。それでもこの歌を歌うことができる。若い頃の母はこの歌を歌いながら台所仕事をするのが常で、私はこの歌をいつのまにか覚えてしまった。

母の葬儀では、昭和十九年入学、高田女学校の同級生・澤野滋子に弔辞をお願いした。七十年に及んだ交友を続けた澤野の話は、私が知らない若い頃の母の姿を伝えていた。

母は陸前高田をこよなく愛していた。中でも高田松原は幼い頃から親しんだ場所であり、多くの思い出を育んだ場所であった。

それだけに、東日本大震災により陸前高田の市街地が壊滅的な打撃を受け、高田松原が消失したことは母にとって大変なショックで、大震災で変わり果てた陸前高田の映像がテレビに映し出されるごとに、母は「見たくない」と顔をそむけたものだった。

昨年（二〇一四年）一月二十七日、母の一番上の姉トキが千葉県四街道で亡くなった。九十五歳だった。繰り返しになるが、大震災の頃陸前高田に住んでいたトキは体調を崩し、四街道に住む娘（私にとっては従姉）三浦シゲ子の家に引き取られたのだった。

トキは「高田に帰りたい」といつもつぶやいていたというが、その願いはかなえられずに終わった。私はトキが住んでいた家で生まれた。母にとってその家は実家だったが、津波で跡形もなく流された。

私は生きているうちにトキに会わせようと、二〇一三年九月、母を連れて四街道に泊まりがけで出かけた。トキはすでに衰弱が激しかったが、その姿を見て母トシは涙ながらに姉に語り掛けた。それが今生の別れとなった。

東日本大震災以後、母は明らかに食欲を減退させた。多くの親戚や女学校の友人を亡くした。生きながらえた人々も仮設住宅などで苦難の生活を送っている人が多くいた。そんな中、母は被災した同級生のために、縫物をした。十数人分の上着を縫い上げ、送ったのだ。同級生からはとても喜ばれた。母は自分にできることで、大震災の被災者の支援をした。

母は八十四歳まで生きた。天寿を全うしたともいえ、その死は直接、大震災とは関連がない。だが、私にはつながっているように思える。針仕事で無理をした結果、母は肩をはじめ全身に痛みを感じるようになり、その結果の入院だった。

コラム

くつろぎの空間「りくカフェ*」

*http://rikucafe.jp/

陸前高田市役所の近くの観光案内所で聞くと、「りくカフェ」は歩いて五、六分の便の良い場所にあった。全国の人々から、陸前高田は様々な支援を受けて来たが、「りくカフェ」はその成功例といえるだろう。市内の中心部を津波で流された陸前高田には久しく、寛げる空間がなかった。そのためにスポットとして企画・実現に至ったのが「りくカフェ」だ。

地元で内科医院（鵜浦医院）を経営している鵜浦章氏、歯科医院（吉田歯科医院）を経営している吉田正規氏、薬局（森の前薬局）を経営している黄川田真一氏らが代表理事となり、東京方面の有識者（建築、街づくりの経験者ら）が支援する形でこのプロジェクトは始動した。

鵜浦章氏らは津波で家屋などを流されたが、新しい医院を市役所の近くに集中させ、その近くに飲み食いができるカフェを建設したのである。病院や薬局の近くにカフェを置くことで集客の便を図ったのである。

当初「りくカフェ」は仮設での営業だったが、二〇一四年十月六日、本設の店舗となった。東北の木材を使用したというロッジのような外観の中に入ると、かなり広いスペースが広がっていた。

昼食は週替わりで魚定食と肉定食があったが、私は魚定食を注文した。米は陸前高田で取れた新米の「たかたのゆめ」でとてもおいしかった。

旬の食材を使い、栄養バランスを考慮した「低カロリー・減塩」の健康食である。岩手など東北では、塩分を摂りすぎる傾向があり、平均寿命が全国平均より短い。そのことを考慮した結果の献立だという。

お昼時だったので結構混んでいたが。大阪弁が飛び交っていた。きっと、応援で市役所に勤めている人なのだろう。幼い子供を連れたお母さんたちのグループもいて、憩いの空間としてにぎわっていた。

インターネットの設備が整っているので、息抜きをした後に仕事をすることも可能である。

季節限定の手作りスイーツ、オリジナルブレンドのコーヒー豆、地元の名産品、雑貨、全国から集まったお菓子などの販売している。

ホームページやブログ、フェイスブックを解説し、活動内容を全国に向けて発信しているために、全国から訪れる人が後を絶たない。

広いスペースを生かし、ここではコンサートや演劇、整体、ストレッチ教室なども開催されている。

すぐ近くに医院や薬局があるせいか、健康教室も随時開かれていて、積極的に参加する人が多いという。

地元の主婦向けに栄養士による栄養相談会、誕生会などの企画もあり、イベントを企画する人のためにスペースを時間貸してもいる。

大震災からの復興はもちろんだが、それをさらに進め、人びとの食習慣を改善しよう、人びとの生活の質を高めようとする積極的な意思が感じ取れた。

地元の女性グループがこの活動に積極的に関わっており、地元の雇用確保にも貢献している。

陸前高田ではなお、仮設住宅に暮らしている人々が多いが、時にはこうした空間で過ごすことで息抜きになる。

地に足の着いた活動だなと実感した。

医院、薬局が近くにあることもあり、「りくカフェ」の周辺は将来的にも陸前高田の拠点となることが期待されている。

大震災によるショックは少しずつ母の心身をむしばんでいったのではないか。そう私には思えるのである。

「みんなの家」に思う

二〇一五年四月四日、友人の鷲悦太郎と「みんなの家」に出かけた。実は一月ほど前にやって来たが、その時は入れなかった。鷲はあまり気が進まないようだったが、車を走らせた。「みんなの家」というが、本当にその機能を果たしているのかと鷲は疑問を口にした。そのことは私も、感じていたことだった。

東日本大震災が起こり、陸前高田に住んでいて生き残った人々の多くは避難所での不自由な日々を送った。その後、徐々に仮設住宅が建ちはじめ、避難所で一緒に過ごした人々は離ればなれになった。そうした中で、仮設住宅に住む人々が気軽に集まり話す場所があればいいね、という話が出たことがみんなの家の発端だった。

折しも著名な建築家である伊東豊雄を中心とするグループが被災した各地にみんなの家を作る計画が持ち上がっていた。私は一度ジャズ喫茶・ジョニーで会ったことがあるが、陸前高田出身の写真家で写真界の芥川賞ともいうべき木村伊兵衛賞を受賞した畠山直哉が伊東豊雄と懇意だったことから、陸前高田にも作ろうという話になり、各仮設住宅から車で約十分という高田町大石の現在地に作られるようになった。

本当は高田松原にあった松の木で柱を作りたかったが、津波により「奇跡の一本松」を残して流されてしまったため、柱は地元のスギ材を使用している。高田松原を連想するようにと丸田柱を林立させる独特の形状を有する建築物となった。

この建物のミニチュアは第十三回ベネチアビエンナーレ国際建築展で、最も栄誉ある金獅子賞を受賞し、たちまち全国の注目を集めるようになったのである。

みんなの家は、私が通った第一中学校のすぐ近くにある。かつて私は高田町鳴石に住んでいて、この辺はよく通ったものだが、もう四〇年以上も前の話であり、街並みはかなり変わっていた。

みんなの家にたどり着くと、今度は空いていて、管理人の菅原みき子は私のことを覚えてくれていた。鷲も私と同様、およそ二年半ぶりの再訪である。みんなの家は木造三階建ての建物だが、その時は一番上まで上がった。被災した陸前高田の街並みが一望できた。

菅原は体調を崩していたが、最近になって少し回復したという。大震災から四年ということで、各方面から取材を受けていて忙しかったといった。

元々、みんなの家は仮設住まいで雑談する場がなかったことから生まれたものだった。とはいえ、近所の人が頻繁に出入りしているようには思えないと私が質すと、自分が周りから浮いている存在なのだと菅原は言う。

自分がボランティアに始めたこの家があまり近所からはよく思われていないとも語る。有名建築家を巻き込んで実現したものの、そのことがやっかみを生んでいるということらしい。

とはいえ、外部からの観光客で立ち寄る人は結構いるし、それなりの役割を果たしてきたのではないかとも語る。

確かに前回来たときは、外部からの観光客も訪ねて来ていた。でも、かつての勢いはなくなり、訪ねてくる人の数は減っているらしい。

運営は基本的に寄付により営まれる。頂いたパンフには、支援のお願いが記載されていたが、菅原さん個人が私物化しているという批判もあるらしく、大震災から四年を経て、地元に定着したかといえば、疑問が残る。

菅原は最近、正直疲れた、少し休みたいと思うようになった。だから、この一帯が今年の秋にかさ上げになると聞いた時はほっとしたというが、最近、かさ上げ時期が延期され、あと二年くらいはこの場所に留まりつづけないといけないらしく、少しがっかりしたとも語る。

私は被災地各地に「みんなの家」ができたが、一過性の建物として終わるならそれこそ売名行為に過ぎなかったのではないかとも思っていたが、聞いて見るとそうでもないらしい。

菅原の話によれば、設計者の伊東豊雄はかさ上げが完了する高台の私有地にみんなの家を移築するよう陸前高田市に申し入れ、それが概ね了承されたという。みんなの家は生き続けるわけで、そうなればよいなと思った。聞くところによると、伊東豊雄と親しいサッカーで鳴らした中田英寿元選手が支援を約束しているという。

陸前高田市では現在、かさ上げ工事が進行中だが、あと二年もすれば工事は一段落し、高台に市街地が形成される計画だ。みんなの家は市街地に移築され、観光の一つの目玉として期待されているという。大震災が起きるまで、陸前高田の観光の目玉は高田松原だった。日本百景のひとつだった高田松原は岩手県随一の海水浴場としてにぎわった。

とはいえ、街がにぎわうのは夏の間だけで、それ以外に特別の観光スポットはない。その大黒柱が大震災で消失したのだからたまらない。

岩手県で一番被災が激しかった陸前高田はそれ故に、全国的に有名になり、全国からその傷跡を見ようと観光客が「奇跡の一本松」を見に訪れるようになった。支援に訪れるボランティアの人々、建設工事に携わる人々も多く、仮設商店街はそこそこにぎわっている。

だが、そうした動きは一過性にすぎない。かさ上げ工事が終了し、全国からの支援が一段落すれば、どうなるのか。目立った観光地のない陸前高田にとって、厳しい未来が待ち受けている。

私は、当面大震災の遺構で生きるしかないと思う。どんなにひどい被害だったのかを訪れた人々に見てもらう。そうした人々を増やす、交流人口を増やすしか陸前高田に生きる道はない。その意味で、伊東豊雄が設計したみんなの家が移築されるのは悪い話ではない。この建物を見るために、陸前高田を訪れる人が増えれば陸前高田は生き延びる。実現してほしいと思う。

私は陸前高田が生まれ故郷で、大震災以来いろいろな人々に話を聞いてきたが、基本的に外部の取材者が理解できないほど、現実は複雑だと再認識した。

大震災から四年半余り、仮設住宅に住む人々はまだ大勢いる。災害公営住宅ができ始めているが、入居率は低いという。家賃が発生するために、仮設住宅から出るのに二の足を踏む人々が多いと聞いた。

仮設住宅は隣の家の物音がひどく不便だが、コミュニティが機能しているケースが多い。具合が悪い人がいれば、周りの人々が気付きやすいという。

一方、災害公営住宅はコミュニティが機能していない。部屋が埋まっていないし、周りは知らない人ばかり。そうした状況に置かれ、孤独死する人が出始めている。

また、陸前高田では、事業の承継もうまく進んでいない。元々過疎が進行中で、高齢の夫婦がやっと店を切り盛りしているところに大震災が襲ったのだ。幸い生き延びた事業主も後継者がなく、事業をたたむ人が相次いでいる。

被災者が高齢のため、これからローンを組んで新しい家を建てるという意欲はなく、金銭的な余裕はない。

阪神大震災では五年で仮設住宅がなくなったと聞くが、陸前高田の場合とてもそんなレベルの話ではない。十年、いやもっとかかるかもしれない。日本では高齢化の問題、人口減の問題、貧困の問題がクローズアップされている。その現象が最も如実に出ているのが被災地ではあるまいか。陸前高田はその典型といえるかもしれない。

第四章　宮沢賢治と大船渡線

太陽と風の家

一ノ関駅から大船渡線に乗って約三十分。陸中松川駅で降りると、すぐ近くに「石と賢治のミュージアム」がある。かつて宮沢賢治が晩年に働いた東北砕石工場の内部を見学でき、賢治が働いたようすを伝える展示もある。「石っこ賢さん」を呼ばれたほど石が好きだった賢治だが、この博物館は鉱物関係の資料も充実している。

賢治は技師兼セールスマンとして東北砕石工場で働いたが、身分は嘱託で、住んでいた花巻から東北本線に乗り一ノ関駅で大船渡線に乗り換え、陸中松川へ通った。

賢治が実際に東北砕石工場で働いたのは一九二九年の春からおよそ七カ月間だった。セールスマンとして壁材料のサンプルを持って上京したが、着いてすぐ病で倒れ、営業活動はできなくなった。帰郷した賢治は病床に臥し、二年後に亡くなるが、亡くなる直前まで東北砕石工場社主・鈴木東蔵との手紙のやり取りは続いた。そのいきさつについて私は、『宮澤賢治　あるサラリーマンの生と死』（集英社新書）で詳述したが、本稿では大船渡線の推移を紹介しながら、賢治との関わりについて紹介してみたい。

原敬と大船渡線

晩年、賢治が陸中松川に通うことができたのはもちろん、大船渡線が開通していたからだ。大船渡線開通には、盛岡出身の政治家・原敬の貢献があった。

大船渡線開設運動は一八九七（明治三〇）年の磐仙鉄道株式会社設立運動から始まった。日本鉄道会社の一ノ関駅を起点に門崎、摺沢、折壁を通って気仙沼を結ぶプランで一関町の本間貞治、摺沢村の佐藤秀蔵、気仙沼町の熊谷正太郎らが発起人になった。資本金を二百六十円とし、堀田正養子爵を創立委員長にして運動した結果、一九〇〇年に仮免許、創立許可が出た。

だが、株式募集が不調でこの運動は実を結ばなかった。結果的に、一九一五（大正四）年八月二八日、「経済界不振ノ為メ、株式募集所期ノ如クナラサルヲ以テ、施行延期罷在候処財界ハ依然トシテ今尚不況ニ有之当分株式募集ヲ」全ウスルノ見込無之（岩手県文書）として「免許取消願」を当時の大隈重信首相に提出したのである（朝日新聞盛岡支局編『リアス号のベルが鳴る』）。

一九一〇（明治四三）年一月二九日の日記に、原敬は「鉄道の建設改良とも今日の如く財源なき為めに遅々として進行せざるは国運の発展と伴う所以にあらずと信じ、公債（重に外債）を募集して全国必要の線路を相当の年限内に悉く完成せしむるの方針にて建議案を起草」と記している。同年三月、原敬が総裁を務める政友会は「全国鉄道速成及改良に関する建議」を帝国議会に提出している。

その後、原敬が中央政界で次第に力をつけた結果、国の計画として取り上げられることになった。一九一八（大正七）年、米騒動により寺内正毅内閣が倒れた後、衆議院第一党だった政友会の原敬内閣が誕生した。原敬は東北出身者で初めての内閣総理大臣で、初の本格的な政党内閣だった。

原内閣は「国防の充実」「産業の奨励」「教育の振興」「交通機関の整備」を四大政策として掲げたが、さきに紹介した日記からうかがえるように原は外債を募ってまで鉄道建設を推進しようとした。一九〇四年の日露戦争での勝利後、日本経済が発展した結果、都市部への人口集中が強まり、地方をいかに振興するかが政治課題となっていた、そうした背景の中で、原は地方に鉄道網を網羅することで振興を図ろうとしたのである。

一九一八（大正七）年、原敬は一ノ関―気仙沼間の建設予算を軽便鉄道費で計上し、翌年気仙沼―大船渡間が追加させた。

当初、一ノ関―気仙沼間のルートは陸中門崎、千厩を通る直通案だった。ところが、政治情勢でこのルートは変更された。一九二〇（大正九）年五月、原敬内閣になって初めての総選挙を迎えた。原敬が必勝を期し、小選挙区制を復活させた結果、県内は七選挙区に分かれた。鉄路の建設が予定されている東磐井、西磐井両郡からなる第七区は憲政会で連続四期当選中の柵瀬軍之佐《さくらいぐんのすけ》の牙城だった。そのために政友会は、磐仙鉄道会社が行き詰まっていた、摺沢の富豪佐藤秀三の息子・良平に目をつけ、「鉄道を通してやる」ことを条件に対抗馬に担ぎ出した。鉄道を待ち望む住民の支持を得て、佐藤良平は新人ながら五千六十三票を得て、三千七百十六票の柵瀬を打ち破り初当選した。政友会は岩手で七区全員当選を果たすことができた（朝日新聞盛岡支局『リアス号のベルが鳴る』）。

その結果、同年大船渡線が着工された。こうして大船渡線は陸中門崎で北に曲がり、陸中松川で東へ曲がり佐藤良平のいる摺沢へというルートをとることになったのである。一九二四（大正一三）年六月、加藤高明が憲政会の単独内閣を作った際は摺沢以東の線を強引に千厩に曲げることになった。二大政党の圧力でナベ（鍋）のツルのように曲がっていることから、大船渡線はナベツル線ともいわれる。大船渡線の計画は二転三転しており、「この辺りを鉄道が通るはずだった——」という言い伝えが各地に伝わっている（菅原良太「なべつる線沿革史・こぼれ話」）。

一九二一年一一月四日に原敬が東京駅で刺され亡くなるなどのアクシデントがあったが、一九二五（大正一四）年陸中門崎、陸中松川を経て摺沢まで開通した。佐藤良平は大正一四（一九二五）年七月、摺沢駅開業時の式典で「顧みれば本線今已に其の一本の落成を見吾人此の祝賀の典を挙ぐるを得るもの全く原敬氏の賜ものならずんばあらず今日此の歓喜を共にすべき大恩人原氏其の人亡し焉んぞ感慨無量ならざるを得んや噫」と原敬の貢献をたたえると共にその死を悼んでいる（菅原良太「なべつる線沿革史・こぼれ話」）。

なお、気仙沼に達したのは一九二九（昭和四）年、大船渡市内の盛まで開通したのは一九三五（昭和一〇）年五月のことだった。

鈴木東蔵と東北砕石工場

鉄道の開通により地域住民は恩恵を受けたが、鈴木東蔵はその最たる人だったろう。鈴木東蔵が設立した東北砕石工場の創業は一九二四年、陸中松川に鉄道が通った前年である。大船渡線開通を背景にして東北砕石工場を設立した、といった方が正確かもしれない。摺沢を基盤とする佐藤良平が選挙で勝たなければ、陸中松川駅は実現していなかったかもしれないことを考えれば、原敬＝政友会の恩恵を受けたといっても過言ではないだろう。

一八九〇（明治二三）年四月東北本線一ノ関駅が開業し、翌年には青森まで路線が伸びた。鉄道が岩手県の南北を縦断したのである。だが、内陸部と沿岸部を結ぶ鉄路はなく、道路では人力車や荷馬車が走っていた。輸送量に限界があった。

鈴木東蔵は一八九一（明治二四）年二月九日、東磐井郡長坂村（現一関市東山町長坂）の農家に生まれた。一八九六（明治二九）年八月二七日に生まれた賢治より、五歳年長だ。三反歩（約三〇〇〇平方メートル）しか持たない小農の生まれだが、勉強が好きで、近くに住む漢学者・佐藤衡《まもる》の教えを受けた。

佐藤衡は一八六二年、佐藤謙治の長男として生まれた。学問好きで幼少から経書を読み、十四歳で小学校の助教となった。その後盛岡に出て師範学校に進学し、教職に就いた。二四歳で宮城県鮎川小学校に迎えられた後、秋田県に移り住み、教職や官吏として生活した。明治三三（一九〇〇）年早稲田大学に学ぼうと上京したが、父の死により帰郷。父の後を継ぎ、郵便局長となった。父謙治（号は洞潭）と同様漢詩を作るのが得意で、学問の造詣が深かった（小野寺一郎・水城勲・畠山喜一『東山町の歴史』）。この佐藤衡との出会いが東蔵の人生に大きな影響を与える。

生きていくのがやっとの暮らしで進学できなかった東蔵は、佐藤衡の推薦で小学校高等科を卒業後、長坂村役場に勤めることになった。一九〇五（明治三八）年のことだ。

最初は用務員だったが、二年後正式な書記に任命された。その直後、郵便局長をしていた佐藤衡が村長に就任した。佐藤衡は「暇を見つけて勉強しろ」というのが口癖で、職員の自発的な学習を奨励した。

東蔵は書記をしながら本をむさぼり読んで、勉強を続けた。明治から大正にかけての、農村は今よりもずっと貧しかった。村内の税金滞納家庭を回りながら東蔵は農村をどうしたら豊かにできるかを真剣に考えるようになった。

「農村研究家」として思索を深めた東蔵は、その成果を本に著した。最初の著作『農村救済の理論及び実際』、二冊目の『理想郷の創造』（共に中央出版社刊）は地元の『岩手毎日新聞』に取り上げられ、大きな反響を呼んだ。

そのかたわら、東蔵は地元の青年団文庫に多くの本を寄贈している。一九一七（大正六）年に二五〇余冊、一九一九（大正八）年に四一三冊というように。東蔵の月給は月一〇円だが、そのかなりの部分で本を買い、研究に費やした後、購入した本を皆で共有できるようにしたと推測される。この寄贈本が基になり、後に長坂村立図書館が設立されている。

一九二〇年一一月、明治神宮が完成している。明治天皇崩御に端を発し、政府は明治天皇を神として祀る計画を立てたが、それが完成を見たのである。明治神宮の完成により大日本帝国の精神的な礎が築かれ、日本各地から参拝者が集まるようになった。岩手県も各郡の青年代表を組織して神宮の参拝を行った。東蔵は東磐井郡代表として参加、その後数人で原敬を首相官邸に訪ね、一同で記念撮影をしている。農村研究家として東蔵の名前は次第に知れわたるようになった（伊藤良治『宮澤賢治と東北砕石工場の人々』）。

だが、東蔵の提起した農村救済策は現実の村政にはあまり生かされなかった。それどころか、困難にも襲われた。農作業の辛さを少しでも減じようと今でいう耕耘機の発明を思い立ったが、その作業に熱中するあまり、鍛冶作業場に入り浸った。そのことが村議会で問題にされ、東蔵は一九二二（大正一一）年三月、村役場を退職するはめになったのである。

長坂村役場を退職した東蔵は筆が立ったので上京、雑誌『東北日本』の記者となった。『東北日本』は、東北の振興問題を解決しようと組織された「東北振興会」の機関誌としての役割を担った雑誌だった。「東北振興会」は渋沢栄一を会頭に、東北の振興問題を解決しようと組織された団体である（伊藤良治『宮澤賢治と東北砕石工場の人々』）。

とはいえ、やはり郷里のことが気がかりだった。雑誌記者は長く続かず、帰郷して砥石の製造販売を手掛けた。その間、三冊目の著書『地方自治文化的改造』（塚原書院刊）を出版している。一九二三年九月一日、関東大震災が起こった。そのことで出荷したかなりの砥石が被害にあい、商売はうまくいかなかった。

だが、東蔵はくじけなかった。砥石の材料となる泥炭岩のほか、紫雲石、大理石など地元の地下資源開発に目を向けるようになる。石に魅せられた東蔵は仕事に没頭した。

中でも石灰岩は地元で大量に採取できる。村内にある猊鼻渓は、砂鉄川の両岸二キロメートルにわたって削立する石灰岩の渓谷である。舟下りが楽しめる猊鼻渓は名勝として多くの観光客を集めているが、そのきっかけをつくったのが、佐藤謙治・衡父子だった。二人は猊鼻渓の雄大さを漢詩に詠んだが、次第にそのことが波及し、多くの人々が訪れるようになる。佐藤衡は風光明媚な景観を守るため、東京帝国大学名誉教授で植物学者の三好学に調査を依頼。そうした活動が実を結び、一九二五（大正一四）

年には、「史蹟名勝天然記念物保存法」により猊鼻渓は国の「名勝」に指定された。
なお、佐藤衡は大船渡線建設中の一九二三（大正一二）年、『岩手日報』紙上で猊鼻渓の近くに駅ができることから、名勝「ししがはな」「獅子ヶ鼻」を駅名にするのが最も妥当という意見を述べているが、その意見は採用されなかった。「陸中松川駅は松川、長坂両村で引っ張り合った結果両成敗の意味で両村の中間に設けられた」（昭和五年八月五日付『岩手日報』）。長坂村の中心地（猊鼻渓入口）から二キロ以上離れた場所に陸中松川駅が置かれたため、一九八六（昭和六一）年一一月に猊鼻渓駅が開通するまでの約六十年間、陸中松川駅が猊鼻渓の玄関駅として機能した。とはいえ、鉄道開通は遊覧客の誘致にこの上ない後押しとなり、一九二七（昭和二）年、猊鼻渓は毎日新聞社主催の日本百景に選出されている（菅原良太「なべつる線沿革史・こぼれ話」）。
鈴木東蔵が石灰岩を中心にした地下資源開発に目を向けはじめたころ、大船渡線を一関から摺沢まで通す工事が進行中で、開通予定が一九二五（大正一四）年七月だった。そのことを見据え、東蔵と叔父の貞三郎は陸中松川駅に近い石灰岩盤を採石場にし、その近くに工場を建てることにした
一九二四年六月に創業した東北砕石工場が軌道にのったのには、幸運もあった。そのひとつは、すでに紹介した通り、一ノ関から陸中松川を経て、摺沢まで運行する大船渡線の開通である。鉄道での製品の輸送が可能になったのである。

もうひとつの幸運は小岩井農場との縁である。

前年から操業を開始した東北砕石工場には、当初大口の顧客が存在せず、前途多難の船出だった。

小岩井農場は一八八九（明治二四）年に開設された。前年（一八九〇）年一一月一日は東北本線が盛岡駅まで開通した年であり、翌一八八九年には盛岡—青森間が開通、日本鉄道会社による東北本線が全通している。「小岩井」とは共同開設者である小野義真の「小」、岩崎弥之助の「岩」、井上勝の「井」を採って命名された。岩崎弥之助は三菱の創始者岩崎弥太郎の実弟で土佐（高知県）出身、小野義真も出身は高知県で岩崎弥太郎の友人、井上勝は長州（山口県）出身で鉄道局長官を勤めていた。民間で最大規模の農場として今日まで存続している。小岩井農場は標高二〇〇メートルから六二七メートルの高地にあり、火山灰地という地質だったが、大胆な西洋式農法を採り入れ、近代的な植林事業や洋種畜事業への努力を重ねた結果、事業として成功を収めた。

東蔵の伯父で東北砕石工場の出資者でもある鈴木貞三郎の弟・貞助は小岩井農場で働いていたが、あるとき貞三郎は貞助を訪ねた。目的は馬見物である。小岩井農場は、明治時代末期にイギリスからサラブレッドを輸入した。その後、馬匹改良を重ね、競走馬の育成を図った。日本で初めての三冠王セントライト号を生み出したのは小岩井農場だった。

貞三郎が広大な小岩井農場を歩いていると、白い粉を散布しているのが見えた。貞三郎が貞助に尋ねると、石灰だといい、それを砕いて粉にしているという。火山灰地におおわれた小岩井農場は元々植物の生長にきわめて不向きで、そうした酸性土壌を改良する必要があったが、酸性土壌の改良に石灰を使用していたのだ。

長坂村周辺が石灰岩の産地だと知っている貞三郎は、小岩井農場で石灰岩砕粉を買ってくれる可能性を確認し、帰宅してすぐ、そのことを東蔵に伝えた。

東蔵は大喜びし、早速、小岩井農場に出向いた。応対した戸田務農場長と面談し、需要を確認したところ、「そちらで供給できるなら、買うことにしたい」という前向きな返事を得た。

この点に関し、財団法人日本経営史研究所編『小岩井農場百年史』が次のように記している。

大正十年ごろ、岩崎久弥は専門誌上で、アメリカでは土壌改良のため石灰岩の細砕したものを施用することを知り、この方法を農場にすすめた。しかし農場付近では、当時細砕石灰岩を入手することができず、やむなく石灰工場の屑石などを買い入れて用いたが、満足すべきものではなかった。農場で細砕設備を設けるべきか検討中、県南の石灰業者に農場の希望に沿う砕石を請負う業者があらわれ、入手が可能となり、同十四年から本格的に施用した。

「県南の石灰業者」というのは東北砕石工場であり、一九二五（大正一四）年創業の頃から大口の顧客として小岩井農場と契約できたことは、僥倖といってよかった。

東北砕石工場のすぐ近くに、大船渡線の陸中松川駅ができたことはすでに紹介したが、小岩井農場周辺でも鉄道の整備が進んでいた。一九二一（大正一〇）年六月に盛岡―雫石間に橋場線（田沢湖線の前身）が開通し、やがて小岩井農場の近くに小岩井駅が開設されていた。すなわち、東北砕石工場から小岩井農場まで鉄道で製品を輸送するルートが確立されたのである。

小岩井農場という大口の顧客があったとはいえ、東北砕石工場の歩みは決して平坦ではなかった。当初は満足な機械がなく、石臼や玄翁などを使用していたが、なかなか能率が上がらず、粒を細かくすることも困難だった。

一九二五年秋、鉄道貨物車で石灰砕粉の荷を小岩井農場に送ることができたが、粒が大きいという苦情が出た。その対応として、手で石灰を砕く作業からクラッシャー(破砕機）に切り替えることができた。さらに、発動機からモーターに切り替え、ローラーを加わるなど装備を強化して対応した。

東蔵は家にあった材木を積んで事務所をつくり、同族に加え工員数名を雇い入れ、事業は次第に軌道に乗り始めた。

小岩井農場には、毎年春先に四〇〇トンの石灰粒を納めることは決まっている。だが、ほかに有力な顧客が見つからず、工場の機械停止を余儀なくされ、従業員に自宅待機を命じたり、賃金や電気代の支払いに苦慮することもしばしばだった。

この頃、沖盛という実業家が訪ねて来た。東北砕石工場の現状を視察した沖は、いくつかのアドバイスをした。まず、それまで馬車を使用していたのを変更し、輸送用トロッコの軌道を敷設した。また、フレットミル（石灰砕石をさらに細かい石粉にするための機械）の採用を勧めた。そのアドバイスに従いフレットミル一式を備えた結果、粉末状の石灰の生産が可能になった。

そのことで、三本木や六原などの軍馬補充部が東北砕石工場の製品を採用するようになった。粉末状の石灰は「石灰石粉」の名称で官報で公告されるようになり、時代に需要が広まって行き、一般農家からも注文が来ることになった。

鈴木東蔵と宮沢賢治

花巻の渡辺肥料店は東北砕石工場にとって、大きな卸先のひとつで、一九二八年には貨物二車の注文があった。ところが、その注文が突然、来なくなった。東蔵はその利用を知りたく思い、渡辺肥料店を訪ねた。

その結果、それまでは宮沢賢治という人がいて、その人の世話で大量に注文があったが、賢治が病気になり、注文が途絶えたとわかった。

一九二六年三月三一日、花巻農学校を退職した賢治は、農村に芸術の風を吹かせようと同年八月、羅須地人協会という私塾を設立した。活動内容としてはレコード鑑賞やエスペラントの学習があったが、そのかたわら賢治は農民の相談に乗っていた。肥料に関する相談が多かったが、盛岡高等農林学校（岩手大学農学部の前身）で岩石学を専攻した賢治は近辺に相談所を設け、酸性土壌を中性化するためには石灰岩を散布するのがよいことを農民にアドバイスしており、東北砕石工場の石灰石粉販売に貢献していたのだった。

賢治に興味を覚えた東蔵は早速、花巻に賢治を訪ねた。

そのようすを弟の宮沢清六は次のように記している（『兄のトランク』）。


昭和四年の春、朴訥そうな人が私の店に来て病床の兄に会い度いというので二階に通したが、この人は鈴木東蔵という方で、石灰岩を粉砕して肥料をつくる東北砕石工場主であった。兄はこの人と話しているうちに、全くこの人が好きになってしまったのであった。しかもこの人の工場は、かねて賢治の考えていた土地の改良には是非必要で、農村に安くて大事な肥料を提供することが出来るし、工場でも注文が少なくて困っているということで、どうしても手伝ってやりたくて致し方なくなった。

東蔵と賢治は共に理想化肌で、農村を救済しようと思っていた。その上、共に石に対する関心が高かった。二人は意気投合した。当初は賢治の体調が回復していないこともあり、手紙によるやり取りだった。広告文を作成したり、「販路の開拓」について献策したりを繰り返すうちに、いよいよふたりの親密度は増していった。賢治から東蔵に宛てた手紙は一一七通確認されており、現存する五百通の手紙で最も多いのが東蔵宛の手紙である。

一九三〇（昭和五）年九月十三日、健康が回復した賢治は初めて東北砕石工場を訪れている。この日、賢治は花巻駅午前八時五〇分発の東北本線に乗り南下、一ノ関駅で下車した後、一〇時四五分発の大船渡線に乗り継いで、陸中松川駅に着いたのは一一時三八分と推定されている。

翌一九三一（昭和六）年二月、賢治は嘱託となり、技師兼セールスマンとして働くことになる。賢治が東北砕石工場花巻出張所を開設した形となった。月五〇円、年六百円（ただし炭酸石灰の現物支給）という条件は、当時長坂村村長の月給が三五円というからそう安くはない。鈴木東蔵とすれば、精一杯の金額だったかもしれない。賢治の弟清六は当時、従来の質屋兼古着商をやめ、宮沢商会という建築資材の会社を経営しており、賢治とすれば炭酸石灰を売ることで換金しようと考えたと推察される。

賢治が工場を訪れた際はきまってタオルやお酒、生菓子などの土産を持参したので、工員たちに歓迎されたという。三月二六日に訪れた際は、工員たちと共に記念撮影をしている（鈴木實『宮澤賢治と東山』）。

猛烈サラリーマンとして働いた賢治に関しては、拙著（『宮澤賢治　あるサラリーマンの生と死』）を参照してほしいが、同年九月二一日、賢治は出張先の東京で倒れ、帰郷した後、再び東北砕石工場で働くことはなかった。二年後の一九三三（昭和八）年九月二一日、賢治は満で三七年の生涯を閉じた。

賢治の死後、東北砕石工場は一九三七（昭和一二）年東北砕石株式会社と社名変更、一九四〇（昭和一五）年には東北タンカル興業株式会社となった。「タンカル」とは賢治が命名した肥料用炭酸石灰のことである。従来「石灰石粉」として売られていた製品名を改めたのである。

第二次世界大戦後も工場は存続し、一九五六（昭和三一）年には東亜産業株式会社東北支店となる。工場では輸送に大船渡線を利用し、陸中松川駅から専用線を引いて、工場から製品を駅まで運んだ。一九七四（昭和四九）年には陸中松川駅の貨物取扱量が盛岡鉄道管理局管内で第一位（発送トン数一一九万㌧余）となり、大船渡線を代表する企業だったが、一九七八（昭和五三）年に操業を停止している。

一九九四（平成六）年一〇月建物は東山町（当時）に寄贈され、東山町では工場周辺を整備した。

一九九六（平成八）年一二月には、産業分野の近代化遺産として登録された。「石と賢治のミュージアム」としてオープンしたのは、一九九九（平成一三）四月三日のことだ。

伊藤良治『宮澤賢治と東北砕石工場の人々』によれば、賢治が嘱託になってから陸中松川にある東北砕石工場を訪ねたのは七度、その前に少なくとも一度工場を訪ねているから八度は大船渡線に乗ったことになる。大船渡線は一九二九年に気仙沼まで、一九三五年には盛まで開通しているが、賢治が陸中松川以外の駅で下りた記録は残っていない。

おわりに

陸前高田市小友町、箱根山の中腹に気仙大工左官伝承館がある。

高台にあるために、東日本大震災の災厄から免れたこの施設は、被災した人々の避難所として多くの人々が宿泊した。駐車場は、津波後にアルバムなど拾得物が展示されたという。

陸前高田市小友町は気仙大工発祥の地とされており、その始まりは江戸時代にまでさかのぼる。農民が生活を支えるために、建築関係の仕事に従事したことが発端で、家大工でありながら神社仏閣の建築をも手掛けて来た。その技術力は全国にも知られるようになり、たびたび陸前高田では建築関係の催しが行われてきた。

そのためか、陸前高田周辺に住む人々は大工のほか、左官になる人も多い。現に、私の亡くなった従兄佐々木正直や佐々木茂雄も左官をして生計を立てていた。大工や左官は陸前高田の地場産業といってもよい。

気仙大工左官伝承館は長年培ってきた建築技法を後世に伝えるために建設されたもので、母屋やナマコ壁のある倉庫などで構成されている。

その場所を訪ねた折に、近所に住むという金澤勝敏館長が館の歴史、東日本大震災当時の状況を説明してくれた。

母屋は一四メートルの高さに達するが、それを越える津波が押し寄せたという話には驚かされた。目の前にそうした津波が来たら、ひとたまりもなく呑みこまれてしまうだろう。そう実感し、改めて今回の津波がいかに大きかったのかを実感した。

敷地内には、「希望の灯り」が建てられている。

一九九五年一月十七日、神戸は大震災に見舞われたが、その五年後、二〇〇〇年一月十七日に神戸市の東遊園地に「一、一七希望の灯り」が灯された。

気仙大工左官伝承館にあるのは、その種火を譲り受けたものだ。

三月十一日など、節目の日に陸前高田市民など関係者がこの「希望の灯り」の周囲に集まり、亡くなったり、行方不明になったりした人々を偲んでいる。

一九九五年一月十七日、神戸周辺で起こった阪神大震災の一月後、友人と神戸を訪ねたことを思い出す。訪ねて行った神戸市役所には亀裂が入っていて、大震災に被害のすさまじさを思い知らされた。そのときは、まさか自分の故郷が大震災に見舞われるとは思ってもみなかった。

とはいえ、阪神大震災と東日本大震災とでは、決定的な違いがある。私が一九九五年二月に神戸を訪れた際、すでに街からは復興への槌音が聞こえたような気がした。神戸周辺では確かに大震災の傷跡が残されていたが、車で三〇分も走れば大震災とは無縁で平穏な日常が垣間見られたのである。

阪神大震災から五年を経て、神戸周辺では仮設住宅がなくなったと聞いた。それに対し、わが故郷陸前高田を含む東日本大震災の被災地では、大震災からまもなく五年になるというのに仮設住宅がなくなるめどは立っていない。陸前高田に限っても、一七〇〇世帯もの人々が仮設住宅での生活を余儀なくされている。災害公営住宅が建っても、経済的な側面により仮設住宅から移れない人々が結構いる。

元々過疎化が進行しており、産業基盤が弱く、交通の便が悪い地域で起きた東日本大震災は、阪神大震災と比べてより被害が深刻で、今後地域がどうなるのか。不透明である。

東日本大震災後、多くのジャーナリストが現地入りし、その被害のすさまじさを書き記した。それはそれで価値があったと思うが、次第にそうした報道熱は冷めていく。日本では次から次へと災害や事件が起こり、ジャーナリストたちは新たな対象へとのめり込んでいく。

そうしたマスコミの体質からすれば、大震災発生から五年を契機に被災地の報道はいっそう少なくなり、ついには忘れさられてゆくのではないか。私はそのことが恐い、と思った。

被災地に住む人々の生活はむしろ苦しくなるばかりで、むしろこれからさまざまな支援が必要になると考えるからだ。

本書はそういった危機意識をもちながら故郷陸前高田についてまとめたもので、できるだけ自分に近い人々に焦点を当てたルポである。私は当事者ではないが、陸前高田の生まれであり、当事者に近い立場にいる。

私が描いたのは大震災のほんの断片に過ぎないが、それでも記録に残しておく価値はあるだろう、そういう思いで本書を書いた。

陸前高田に縁のある人々にとって、高田松原は心の故郷であり、精神的な支柱でもあった。その高田松原が大震災により消失した打撃は大きい。「海が消えた」というタイトルはそのことに由来し、今後の高田松原再生への願いも込められている。

二〇一五年に大船渡線は開通九〇周年を迎えたが、東日本大震災により線路は気仙沼で中断したままである。気仙沼―盛間は高速バスが走るようになり、線路が復活する見込みはない。大震災は時計の針を過去に戻したのである。宮沢賢治は一九三三年に亡くなったこともあり、陸前高田や大船渡を訪ねる機会はなかった。大船渡線が盛まで開通するのは一九三五年のことである。もし、賢治がもう少し長生きしたら陸前高田を訪れていたのではないか。そういう思いで、「第四章　宮沢賢治と大船渡線」も本文に入れた。大震災以後、「雨ニモマケズ」が世界中に知られるようになったが避難所に掲示された「雨ニモマケズ」に励まされた、と私は何人かの岩手大生に聞いた。宮沢賢治が生きていたら、きっと被災地に援助の手を差し伸べたことと思う。本書により東日本大震災の風化を少しでも抑えることができたら、とてもうれしく思う。

本書の基になったのは、『月刊建築仕上技術』への連載記事であり、発行元の工文社社長・久保賢次さん、担当者の森博さんに感謝します。また、なかなか陸前高田に行けないでいた私の背中を押してくれた大阪の『新聞うずみ火』編集部・矢野宏さん、栗原佳子さん、快く取材に応じてくれた陸前高田の人々、出版を引き受けてくれた三十年来の友人であるハーベスト社・小林達也さんにも感謝致します。文中、敬称は略させていただいたことを記し、筆をおきます。みなさん、どうもありがとうございました。

二〇一五年十一月

佐藤竜一

主要参考文献

書籍

朝日新聞盛岡支局編『リアス号のベルが鳴る』熊谷印刷出版部　一九八四年
一関博物館編『企画展　開業90周年　大船渡線　図録』一関博物館　二〇一五年
伊藤良治『宮澤賢治と東北砕石工場の人々』国文社　二〇〇五年
大内豊『いわての鉄道百年』盛岡タイムス社　一九九二年
大内豊『鉄道馬車から新幹線まで　いわて鉄道物語』日刊岩手建設工業新聞社　二〇〇七年
小野寺一郎・水城勲・畠山喜一『東山町の歴史』熊谷印刷出版部　一九九一年
佐藤竜一『宮澤賢治　あるサラリーマンの生と死』集英社　二〇〇八年
佐藤竜一編『思い出の陸前高田―佐藤トシ追悼録』私家版　二〇一五年
鈴木實『宮澤賢治と東山』熊谷印刷出版部　一九八六年
『全国の伝承　江戸時代　人づくり風土記　聞き書きによる知恵シリーズ（3）　ふるさとの人と知恵　岩手』農山漁村文化協会　一九八八年
細谷敬吉・細谷英男『陸前高田市の歴史』熊谷印刷出版部　一九九四年
宮沢清六『兄のトランク』筑摩書房　一九九一年
村上兵衛著・財団法人日本経営史研究所編『小岩井農場百年史』小岩井農牧　一九九八年

雑誌・その他
朝日新聞
いいとこマップ　№1―6
岩手日報
菅原良太「なべつる線沿革史・こぼれ話」東磐史学第39号　二〇一四年

著者略歴
佐藤竜一（さとう・りゅういち）
1958年岩手県陸前高田市生まれ。一関第一高校を経て法政大学法学部卒業。日本大学大学院博士課程前期（総合社会情報研究科）修了（国際情報専攻）。宮沢賢治学会イーハトーブセンター理事。岩手大学で「日本の文学」を教える。
著書
『黄瀛―その詩と数奇な生涯』（日本地域社会研究所、1994年）
『宮沢賢治の東京―東北から何を見たか』（日本地域社会研究所、1995年）
『日中友好のいしずえ―草野心平・陶晶孫と日中戦争下の文化交流』（日本地域社会研究所、1999年）
『世界の作家　宮沢賢治―エスペラントとイーハトーブ』（彩流社、2004年）
『盛岡藩』（現代書館、2006年）
『宮澤賢治　あるサラリーマンの生と死』（集英社、2008年）
『変わる中国、変わらぬ中国―紀行・三国志異聞』（2010年、彩流社）
『それぞれの戊辰戦争』（2011年、現代書館）
『石川啄木と宮沢賢治の人間学』（2015年、日本地域社会研究所）

共著・分担執筆
中野重平・佐藤竜一『灼熱の迷宮から。』（熊谷印刷出版部、2005年）
ずっぱり岩手プロジェクト（佐藤竜一ほか5名）編『ずっぱり岩手―岩手にハマるキーワード事典』（熊谷印刷出版部、2007年）
岡村民夫・佐藤竜一『柳田国男・新渡戸稲造・宮沢賢治―エスペラントをめぐって』（日本エスペラント学会、2010年）
天沢退二郎・金子務・鈴木貞美編『宮澤賢治イーハトヴ学事典』（弘文堂、2010年）
星亮一＋戊辰戦争研究会編『戊辰戦争を歩く』（光人社、2010年）
星亮一＋戊辰戦争研究会編『新選組を歩く』（光人社、2011年）
星亮一＋戊辰戦争研究会編『新島八重を歩く』（潮書房光人社、2012年）
中里まき子編『トラウマと喪を語る文学』（朝日出版社、2014年）
星亮一編『「朝敵」と呼ばれようとも　維新に抗した殉国の志士』（現代書館、2014年）等

海が消えた　陸前高田と東日本大震災——
宮沢賢治と大船渡線

発　行　——2015年12月23日　第1刷発行
　　　　——定価はカバーに表示
著　者　——佐藤竜一
発行者　——小林達也
発行所　——ハーベスト社
〒188-0013　東京都西東京市向台町 2-11-5
電話　042-467-6441
振替 00170-6-68127
http://www.harvest-sha.co.jp
印刷・製本　（株）平河工業社
落丁・乱丁本はお取りかえいたします。
Printed in Japan
ISBN4-86339-069-0　C0036